创建^{完美的}设计_{任务书}

完美的

创建　设计

任务书

如 何 把 握 设 计 的 战 略 优 势

［美］皮特·李·菲利普斯　著

杨 玲　译

Creating the perfect
Design Brief

How to Manage Design for
Strategic Advantage

重庆大学出版社

前　言

最近在浏览美国设计管理协会年会的旧文献时，我看到了与会者各种各样的评述性摘要。摘要记录了1978—1980年的会议发言，其中罗列了设计管理者在日常工作中必须要面对的10～12个问题。值得注意的是，在25年之后，设计管理者面对的几乎是相同的问题。

每次会议报告都显示出四大问题：①与非设计主管之间关于营销与设计的沟通问题，反之亦然；②高级管理层早期的实质性投入；③管理者对设计在商业领域中作用的理解；④如何衡量设计效果。

这些问题以及其他相关问题都在皮特·李·菲利普斯撰写的《创建完美的设计任务书——如何把握设计的战略优势》一书中得到了解决。皮特·李·菲利普斯作为设计管理者和设计策略顾问，加入DMI（美国设计管理协会）已超过20年时间。该书非常实用，对设计从业者及设计专业的学生来说是一本生存手册。

据我们所知，这是第一本有关设计任务书制作和过程管理的全面指南。作者凭借在企业担任顾问近30年的实践经验，揭示出作为关键利益相关者，在参与设计方案的过程中，制作出完美的设计任务书，不仅对于设计团队有用，对于非设计的管理团队同样有用。

通常，设计任务书在大多数学校的课程设计中并没有体现。设计师和设计管理者不得不自主研发设计任务书的流程和格式。总之，这本以此为主题的指南让我们等待太久。

对许多读者来说，本书将推出一个全新的方法，不仅告诉读者怎样制作一份任务书，而且将整个设计功能作为一个整体重新定位——企业的核心战略能力。对于学校教育而言，它作为一门专业性进修课程，是对多年来学校课程设置的强烈冲击。

DMI以作为本书的赞助商为傲。DMI的一个关键使命就是为世界范围内的专业设计人员提供有价值的工具和培训，实现有效的企业策略，同时也致力于提高重要合作伙伴的设计意识。

从1987年DMI年会开始，提出的问题至今仍被与会者反复提出，对于这些困扰设计师和设计管理者的问题，本书将是非常宝贵的资源。

美国设计管理协会会长
厄尔·N.鲍威尔博士

写在前面

当20世纪60年代，我还在大学学习设计时，设计任务书这一主题还从未被提及。据我所知，即使目前在设计教育领先的学校，这一主题也鲜有人提及——那些参加设计任务书研讨会的年轻设计师明确告诉我。

在大学里，我们的导师每周给我们特定的作业。通过精心设计以解决问题，我想有人会反驳，认为这些作业都是设计任务书的一种形式。然而这些作业本身从来没有被称为"设计任务书"。

当进入业界几年后，我成为一个小设计团队的管理者，很快就得知营销人员确实准备了设计任务书并递交给设计团队。我们期待满足他们的设计任务书要素，以避免出现太多问题或讨论。但事实往往不是这样，这些设计任务书要素让我和团队的设计师们沮丧。它所包含信息的类型，几乎不是我们制作一个有效设计方案所真正需要的。此外，给我们的最后期限总是短到不能再短。更糟的是，我们很少有机会与第一线制作任务书的人进行任何有意义的对话。相反，任务书的陈述通常由委派来监督我们进展、被称为"项目经理"的人作出——这些项目经理几乎不能提供我们所迫切需要的信息。

我找了一下这方面的书面资料，发现几乎是空白。在各种设计杂志上有涉及设计任务书的文章或称为"创意简报"，但没有找到任何与这一主题相关的权威书籍。据我所知，40多年后的今天，还是没有关于设计任务书的书籍，这个主题只是含糊地出现在许多著名的专业设计课程中。然而，在设计过程中，使用某种任务书的实践模式在设计业界十分盛行，这促使许多设计界的从业者试图想出一些有效的方法来应对这些事情。

　　几年前，美国设计管理协会（DMI）开发的"专业发展计划"旨在给设计人员提供一个机会以提高他们在不同领域的管理技能。在一项针对DMI成员的调查问卷中，有问题指向在新项目中，什么主题是他们最想看到的，设计任务书排在前十位。因此我受邀筹办一个相关主题的职业发展研讨会。

　　利用我自己对设计任务书及其研发过程的经验，以及其他专业设计管理者的集体经验，我主办了该研讨会，来自世界各地的设计师和设计管理者出席了本次会议。这次特殊的研讨会反响十分热烈。由于会议的成功举办以及收集到所有参会者目前对设计任务书的普遍见解，我受邀请创作这本书。

没有神奇的模式

　　重要的是要明白这里没有神奇的模式。如果仅有一个正确的制作完美的设计任务书的格式，那我们的生活将远不会这么复杂。所以请不要在这里找一个放之四海皆准的完美设计任务书模式，因为它并不存在。然而这本书包含的关键因素，是任何一个好的设计任务书都应该包含的。关键流程（包括设计师思考的方式应随设计任务书而改变），包括制作一份对所有参与设计项目的个人来说都是真正有用的任务书。最好的设计任务书生成程序是以业务对象为主的战略程序，因此，这本书还描述了作为战略程序，设计行业必须以不同方式重新思考设计管理。

　　同样重要的是我们需要记住，在一个真正有用的设计任务书中，有各种不同的学科，每一种学科中的信息内容要求都略有不同。一个简单打印项目如小册子或目录，可能不需要任何工程元素；然而，一个新产品或工具的工业设计任务书，很可能包含相关的工程和制造信息；一个包装项目的设计任务书也同样需要有包装设计以及包装工程的相关信息等。读者必须明白，不仅是因为这些不同导致了程序的复杂化，而且也是由于这些不同，各种企业构建了自身的设计资源。因此，每一个设计机构应建立自己特定的标准、程序和制作设计任务书的指导方针。本书旨在帮助专业设计人员有效地建立这些流程和模式。

目　录

1 究竟什么是设计任务书?

在以"创建完美的设计任务书"为主题的研讨会的讲座环节中,我了解到我所称的"设计任务书",被许多人冠以各种各样的术语。许多人将其称为"创意简报",另一些人习惯于其他术语,如"市场推广简介""项目简介""工作通知单"或"创新简介",无论用什么样的术语,我们谈论的是一个需要某种形式的设计项目书面说明。

我最不喜欢的词是"工作通知单",其通常为不超过一页的项目提纲、截止日期、预算、个人或团体的名称,以及其他一些数据如工程量、装运说明等。在我看来,大部分工作计划对开发设计方案的实际过程是没多少用的。

另一方面,我常用"创新简介"这个术语,这在欧洲也是十分常用的术语。我喜欢这个暗示,不幸的是,大多数企业并不认为设计是一个创新,甚至也不认为它是一个战略程序;相反,他们认为它仅是一个装饰性的服务。

设计任务书的格式

实际上, 设计任务书没有唯一正确或首选的格式。我曾见过非常优秀的设计任务书完全是叙事体,以段落形式书写成文字,另一些则采用项目符号列表格式。近年来,我看到因计算机软件程序的使用,设计任务书得以发展,有设计需求的企业只需简单填写关键问题的列表。我还看到了一些优秀设计任务书的幻灯片演示模式。

你最终采用的模式在很大程度上取决于你参与的特定类型的设计工作(工业、平面、包装等),以及对你公司最有用的风格。当然,模式的关键之处在于它应易于阅读和跟踪。除此之外,最重要的是任务书要包含这个过程中每一个利益相关者所有必要的信息和数据,它还必须提供复印件和及时查阅功能。

计算机程序生成的模式似乎为设计师带来了最大挑战，我已谈论了多年。具有讽刺意味的是，在大多数情况下，设计师开发了这些计算机生成模式！与其说是模式设计不佳，还不如说是没能正确使用设计任务书格式。最常见的投诉是许多空格无法填写，或即使填写了信息也不完整。一个典型的例子是一个字段的标题是"观众"，但这个字段的一个典型的回答却是"客户"，对我来说这不是一个恰当的填写！

对你的机构来说，找到最好的设计任务书模式不应被忽视。这需要一些时间和实验来开发以满足公司每个人的真实需求。我承认，我总是认为叙述模式最适合我，我的第二选择是项目列表的方式。

一个设计任务书应该多长？

迅速回答："设计任务书应该有多长？""需要多长就该有多长。"在我组织的设计任务书研讨会上，许多与会者告诉我，他们一直被反复要求设计任务书尽可能简短，这不应该是我们的目标，真正的目标是使设计任务书尽可能完整和有用，最后的长度最终将由特定项目和其复杂程度的需求来决定。

"炒"出一个创意概念

金·卡尼作为包装设计公司——卡尼创意的董事长及创意总监，在DMI的《设计管理杂志》（*Design Management Journal*）上发表了一篇文章，题目是《品牌的核心创意理念：一个精简的方法》*"The Core Creative Concept in Branding：A Streamlined Approach"* [①]。我特别欣赏金将设计任务书类比为炒菜做饭。事实上，在我所组织的许多设计任务书研讨会中，我都习惯以这篇文章作为讨论的起点。我也欣赏卡尼先生主张将综合设计任务书作为发现"核心创意理念"的起点。我已得到允许在本书中引用他文章的一部分。有两个原因我想引用他的文章：①这是一个得益于全面开发设计任务书的设计从业者到研发创意理念程序人的有力证据。②这篇文章所传达出一个清楚的观点是，花时间开发设计任务书是至关重要的。

品牌的核心创意理念： 一个精简的方法

喜欢炒菜做饭的人都知道，一顿美餐的关键是在开始制作之前准备好所有的材料，"炒"是一个快速的过程，重要的是在正确的时间添加各种原材料，这是烹饪的一个有趣而简单的方法——如果你准备好了。

在当今的商业环境中执行一次成功包装的程序很像炒菜做饭，有一种紧迫感：每件事看似都很重要，都必须在同一时间完成。作为设计师，我们的责任是帮助客户达到尽可能好的效果，但通常会受到预算限制、僵化的零售销售、要求严格的生产计划以及紧缩的交货时间等挑战。这些压力又能确保包装解决方案的执行。同时，有更多的产品选择和越来越多的视觉上的混乱来争夺消费者的关注，在这种情况下，简化品牌信息比以往任何时候都重要。

实现这些目标的最佳途径是让核心创意理念驱动所需的所有品牌元素投放市场，把它作为一个配方快速融入整个流程。为了在消费者心目中建立一个清晰的、简单的信息，我们首先应清醒地认识到这一理念需要沟通，从而使更具体、更有效的信息生成我们想要的结果。

印刷广告业一直了解这种创造性的程式是如何运作的。一个伟大广告永恒的吸引力在于它所讲的故事，而不在于额外的修饰或解释。同时，视觉效果及精神上的愉悦深深地吸引我们。尽管包装本身比印刷页面更复杂，但它仍然有机会通过讲述一个简单故事，使目标客户产生情感链接。

材 料

制作特别的食物，你需要找到合适的配方——一个是要有主辅材料、说明以及你需要采用的特殊技巧。同样的原理也适用于开发一个核心创意理念来指导你的新包装计划。这个流程首先是回顾你的设计和市场推广简介以确定你真正需要做的工作。这是唯一列出你信息中"是什么"这一关键成分的地方，分析这些材料并结合自己的市场观察，将帮助我们最终确定"怎么做"。结合前期评价和分析的最后结果，将形成一份联系创意目标与商业目标的设计任务书。当你进行这一过程时，它将作为一个标准来测试你的概念。

很明显，程序一旦开始，把你的任务书用书面表达出来比单纯"通过交谈"更有益。每个人都需要同步的信息来推进工作，请记住，这都是速度，让产品更快投放市场，更快接触消费者，更快取得销售成果是每个人都想要的。

难以抉择的要素

建立一个核心创意理念应首先回顾所有难以抉择的要素——在参数范围内你必须接触的因素。清单上第一条是找出你有多少时间。这样，你就会知道你有多少"余地"探索可替代方案。例如，你的产品推出可能需要多个包装样式，这意味着多个供应商资源——供应的最后期限通常占去你所有的预算或时间。

接下来难以抉择的问题是研究生产和零售的商业需求。设计方案和现实常有冲突，通常发生在项目过程中的某个点，这时需要消耗人们大量时间和金钱作出必要的改变。在零售商至上的今天，如何使他们的场地和货架空间利用起来，你需要提前知道是何种客观存在或生产限制强加于该程序之上。此外，因为零售包装和营销系统经常变化，你需要问很多问题，确保你有最新的信息。尽量利用这些约束的优势而不仅仅是处理这些问题，他们甚至会给你提供一个机会来重新配置开发资源。

一旦最后期限和技术问题确定了，下一个问题就看哪些资金资源可用。创造力并不一定取决于拥有一个庞大的预算，它取决于程序真正开始之前就知道预算是多少。试图在预算确定之前就启动设计往往不会节省时间，反而会导致错误预期。规划过程的很大一部分是创造性地使用预算来完成你需要完成的工作。在预算确定时，确保理念开发和所有创意元素（诸如摄影、插图、拷贝等）的管理拥有它们自己的项目预算金额也很重要。只有这样你才能在规定的预算范围内实现你所承诺的创意策略。

通常难以抉择的问题不会出现在创造过程的起始阶段，将这些问题做好记录并将主要的时间和精力放在需要解决的主要问题上，这些信息将成为你思考其他问题的基础。

审查的机会

清单上的下一条是审查在设计和营销推广简介中可能出现的创造机会。在加速推出新产品的过程中，令人惊讶的是在设计程序开始很久后，很多关键性的业务和营销问题仍然处于不确定中。设计不应作为解决这些冲突的一个工具。在推进任何理念开发之前，每个人都必须在核心问题上达成一致：为什么我们推出这个品牌？我们想要获得什么样的结果？总之，核心创意理念需要反映和支持这些主要业务目标。

你还需要对你的产品销售给谁有一个清晰的了解。尽管现在大多数产品都是为大众市场的零售环境创建的，你的理念需要引起你所设定的个性目标客户的共鸣。新包装会用它们的语言说话吗？设计可以找到更多隐藏在市场面具中的目标客户需求。他们或许是买什么的决策者，提供配套产品的影响者，已经了解你品牌的使用者，或是使顾客满意的推荐者？在重要的时候，这些目标客户对你的产品和包装都有自己独特的观点。他们的人口特征是什么？什么样的新产品或品牌能满足他们的需求或欲望？这些问题的答案将帮助设计团队简化信息并作出正确的相关链接。此外，重要的是要考虑到在了解你的包装和产品信息离开商店后，消费者之间是怎样相互影响的。一些最好的品牌价值增值的机会就可能发生在这个售后环节中。

互联网在售后环节中也扮演着重要的角色。消费者应该能够轻松地访问附加产品的信息或细节，或是详细的"如何做"的说明，并在线使用多种语言。通过创建运用这种新媒介为消费者提供真正的利益增值，从而形成品牌忠诚度。它所带来的品牌工具会使货架上的产品更具竞争力。包装可以清楚地传达更多附加在线信息，具有品牌所不具备的销售优势。不要让消费者点击大量的网页后才发现你所作的承诺，让过程变得简单点。在理想情况下，它应该是一个马上能链接主页或关于你特定产品的独立网站。

评估竞争力

除非你的生产线是一个全新的类别，创造性的评审将在一个竞争环境中完成评估。虽然一些竞争问题可能会在商业和营销计划中寻求到答案，但是设计需要观察和思考竞争是如何进行的，并对其进行测试。什么对它起作用？什么不起作用？这种新的包装是否更有效？需要拥有怎样的品牌感知度？你希望包装传达什么信息？你希望避免什么信息？你想计划实施哪种可视化的"语调"？这些问题和其他一些竞争问题的答案将给予设计若干意见、观察和理念，而这些意见、观察和理念需要将核心创意理念以及最终的视觉品牌定位呈现出来。

我们的目标是使你的品牌在消费者的眼中同其他产品区分开来。我们知道，消费者总是期望自己的愿望和需求与品牌的品质相匹配。我们也知道包装通常是消费者看到或与之互动的唯一的品牌表达方式。第一印象一定要好，并且必须能立即理解你的品牌定位。如果你作了充分的工作，你的核心创意理念将会把所有的视觉线索提供出来，这些也正是消费者寻找的线索。

摘录自《设计管理杂志》，作者：金·卡尼

金·卡尼在文章最后以他公司一个实际案例说明他的观点。在这本书中没有包含他的案例，但我鼓励读者从美国设计管理协会获取一份完整的文章并阅读它。

我几乎完全同意金·卡尼的观点。我们观点之间唯一的区别是：金指出两个核心——设计任务书和市场推广简介。我则将这两者合二为一。尽管他的这篇文章是以包装设计的角度创作，但基本点适用于所有的设计学科。

何时需要一份设计任务书？

每一个设计项目都需要设计任务书吗？绝对不是！很多被归为常规或进行中的设计项目可以不需要正式的设计任务书。在印刷行业里，如价目表的修改（会议卡片、展会展品等）都可能不需要设计任务书。但在每个设计学科的主要项目上都需要书面设计任务书。请注意：一份设计任务书是需要书面落实的，不仅仅是说说而已。我听过的最常见的借口是项目设计开发时间太短，故无法写出正式的设计任务书。第二个常见理由是制订任务书会限制创造力。我不同意，我相信我所提倡的设计任务书可以提升创造力，而不是扼杀。我也相信我描述的这种设计任务书最终能使完成项目的时间缩短，而不是延长。

让我非常清楚的是，仅口述一个重要项目的设计任务书将会明显增加项目完成的时间。总会导致不幸的误解、反感、愤怒的对抗、重大的挫折，设计解决方案也很难达到最优状态。

多年来，我不断从设计师和设计管理者那里听到抱怨，"他们不明白""他们不给我足够的时间""他们不给我足够的钱""他们不让我有创造力""他们并不欣赏我的设计"。如果设计师们所抱怨的是事实——我相信通常如此——我的答案并不是"他们"，而是"我们"出了错。如果设计行业不能完成其应该完成的使命，那么将是我们莫大的耻辱。"他们"的不能理解是我们的错。我们没能清晰明了地传达出我们的需要，就这么简单。设计行业应该学会更加主动——积极扮演领导角色，让人们认识设计的核心价值，认识在任何企业中设计的战略作用。在我们思考生成完美设计任务书之前，我们需要思考如何突出设计在商业中的战略性作用，而不仅仅是提供装饰性的服务。

设计与艺术的对决

很久以前我就学会了在任何商业环境中都应避免使用"艺术"一词。多年来我一直供职于企业内部的各个艺术相关职位，如：艺术导演、艺术品咨询师以及艺术家等。我入职以后会立刻摆脱这些术语，以"设计部门"（或机构）、"设计总监"、"设计咨询师"以及"设计师"等词汇取而代之。我为什么会更换这些词语呢？因为大多数非设计专业人士并不能理解"设计"与"艺术"之间的差异。

大多数人认为，艺术家总是忙于自我表现。例如，如果我是一个画家——油画艺术家——我想画一幅风景画，一幅我眼中的真实风景画。它将只是所有关于我和我对这个话题的理解，我将只对自己负责，我将以自己想用的方式去使用技巧、色彩、形式等元素。如果你碰巧喜欢我的作品，你可能会买它；如果你不喜欢它，你则不会买。但是，如果你喜欢并买了它，那么你最好雇一个"设计师"来告诉你在哪儿挂这幅画！

我相信，正是伟大的设计师保罗·兰德首先说（至少，我从他那儿第一次听到），"设计是一个解决问题的学科"。我记得很多年前听保罗·兰德说过并使用过这句话，这句话对我的设计职业生涯产生了深远的影响。如果设计是解决问题的学科，那么优秀的设计师就必须站在彻底理解要解决问题的角度来开始自己的工作——这也是优秀的设计任务书所必须具备的。尽管设计师们可能希望如此，但这项工作并不是紧紧围绕设计师展开的。其实，该项工作是在寻找具有高度创造性的设计方案来解决现阶段的问题。

非设计师常常在商业环境中把设计当作装饰艺术服务："这是我的创意，请让它看起来不错。"设计师被认为是有吸引力的聪明人，但却是不考虑策略的艺术家，不精通商业的伙伴。我对你一无所知，但作为一个专业设计人员，我不能忍受这种看法。所以，我总是努力地向我的非设计师同仁展示设计不是艺术，至少不是在他们所定义的艺术范畴之内。

"请让我的想法看起来很好"

我已经收集到设计师正确应用设计任务书开发爪型器具的案例。在大多数情况下，这些都是由销售人员或工程经理来进行撰写，以准确描述他们想从设计功能中寻找什么。下面的一个案例由一家大型家居用品制造公司的营销经理所撰写：

市场调查表明，在北美，年龄在20～30岁的年轻男性中选择喝茶的人越来越多，在大学校园里尤其如此。这一消费群组从咖啡消费到茶叶消费的转变，使得我们可以通过有针对性地为这一目标客户群提供茶壶的方式，为公司增加市场份额提供一个机会。

因此我们决定制作一款吸引年轻男性的茶壶。它的外形必须阳刚。为了将这种茶壶与我们的其他茶壶区分开，它应该有棱有角，而不是圆的。外部应该用不锈钢或铬作金属表面处理。手柄的大小应该调整成能让一个男性的手把握时感到舒适。壶嘴也必须有独特的阳刚外观。

这种所谓的任务书还有许多其他的信息，其中包括尺寸、包装、到期日期、预算等内容，但是其中只有上述两段信息意义重大。实际上，营销团队描述了他们希望达到什么样的设计功能，但不一定会阐明为什么会想要某些元素。对于这个特定实例的作者而言，很明显他们将设计师仅仅看成将市场策划变成最终产品形象的执行者。

我是在一个小的产品设计公司偶然获得这一份任务书的，他们需要为这个项目提交一个方案。就职于这家设计公司的一位年轻女设计师与家居用品公司的代表进行了交流，并询问了许多问题。其中一个非常重要的问题是："公司是否允许探索其他能够创造性解决问题的方案？"而答案仅仅是一个礼貌的"不"。该公司的高管耐心地解释说，他们需要快速将产品投放到市场，同时营销团队也已经确定了产品的最终效果，这句话是不是听起来很熟悉？

这是一个典型的例子，非设计专业的商务人士不会认识到设计作为一个问题解决学科的价值。这也是设计不被认为是核心业务战略能力的例子。相反，他们认为设计应为公司的想法提供装饰性服务。给我展示上述任务书的这家设计公司最终选择放弃此提交项目方案。

设计师不应该是出租车司机

多年来，我在世界各地有着各种各样的旅行经历。当我到达一个城市的机场，就有一个业务问题需要解决，即我需要从机场到我的酒店。当我离开候机楼，经常会看到很多出租车在此等候乘客。我只要告诉出租车司机我想要去的准确地点，出租车就会带我去，我也会为这个服务付费。

我更喜欢的是交通咨询员，在机场经常会有小展台标有"信息"的标志。不幸的是，现场虽有数百本小册子，但却无人解答。

我十分高兴有机会向交通咨询员解释我的业务需要，对于我的业务需要我是专家，我知道自己要到哪个特定的目的地，但至于选择用哪种方式到达特定目的地最好，我则不是专家。我有时间限制、预算限制，也许还有其他问题需要问这个专家解释，他也会给我许多选项，每一个都是解决我问题独一无二的方法：出租车服务比较便捷，但成本比飞机高；飞机的成本较低，但这也取决于舱内的旅客人数以及他们目的地的异同。同样，火车可能会更便宜且相当快捷，但有可能需要在距我想去的目的地还差10个街区的位置就下车。

希望你理解我的观点，太多的设计师满足于像出租车司机一样简单的工作。"确切地告诉我你想去的地方并付钱给我，我就会载你去。"我不希望设计师像出租车司机，我希望他们成为交通咨询师并使他们的专业知识得到尊重。一份真正的协同设计任务书程序在被非设计专业高管所理解时，是有着重要的区别的。

"服务"这个词也同样困扰着我。我认为，当有人将他们所做的事情描述为"服务"，我立刻觉得我需要付费了。毕竟如果你提供服务，我也必须为你提供的服务买单，我有权利决定我需要从你那里得到什么。

设计师要提供服务吗？某种意义上讲，我们当然要！某公司的首席执行官也要提供服务，但我们不把它叫作"首席执行官服务"。我建议我的学生们摆脱"创意服务"，或更糟的"图形服务"等措辞，这是一个心态问题。如果你愿意将其看成价值、核心以及业务战略能力，那么就不要将自己仅仅定位于"服务"，而要成为一个有价值的合伙人。

设计任务书与提案的对决

许多公司认为，提案建议书（RFP）以及提案本身，是设计任务书的一种，然而它们不是一回事。这并不是说提案建议书或产生建议中的信息不会被纳入设计任务书中。最有可能的是，这些信息将被涵盖在设计任务书中。理解提案建议书、提案和设计任务书之间的差异相当重要。我合作过的许多设计师都将提案建议书和提案看成设计任务书，我认为它们是截然不同的。

当公司没有自己内部的设计团队时，通常会把提案建议书作为一份文件制作。这份文件的目的是为外部设计机构了解项目设计的具体需求及提供足够的基础信息。反过来，外部设计机构也会作出回应，概括对于项目、预计费用、时间节点和流程等他们关于完成这个项目所建议的处理方法。一份真正好的设计任务书需要包含更具体的战略信息，同样应该有研发——制作成文字——设计团队和诉求方在项目关键问题的思考和讨论后还应结成团队。

我还遇到要求企业内部的设计团队对提案建议书作出回应。这样的事情通常发生在需求组还未决定是用内部团队还是用外部团队来承包项目。如果这样的情况发生在你的公司，你需要像外部设计团队一样处理问题。首先，对提案建议书作出回应；此外，如果你已被选为本项目的合作伙伴，将提案建议书中的信息和你的回应融合到适当的设计任务书中。

提案建议书的发布和提案以某种形式的回应不足以被称为设计任务书。原因很简单——诉求者和设计团队之间没有进行对话。无一例外，在项目的设计团队被指定以后——无论是公司内部团队还是公司外部设计机构——面对面的会谈将会发生，将会产生更多比最初提供的提案建议书中涉及本项目的细节信息。这些额外的细节必定成为实际设计任务书的一部分和最终的设计策略，所有的利益相关者将会达成一致。

设计任务书有很多用途

许多设计师忽略了优秀设计任务书提供的各种五花八门的用途。一份编写良好的设计任务书是涉及项目当事人双方的书面协定或合约。一份设计任务书就是一份道路交通图，如果你愿意，可以从项目的开始到完成定义不同的步骤。设计任务书必须包括数量巨大的经营策略和设计策略。事实上，把一份设计任务书看作一份商业计划是很有帮助的。在设计项目中，可能你的很多非设计业务合作伙伴都读过商业院校，与设计院校不同，商业院校所教授的是商业计划的开发。这就是为什么绝大多数非设计的企业经营者相信他们应该制订设计任务书，并传递给设计"服务"

团队。这些人用商务术语思考问题。他们不相信设计师能理解商业策略和目标。如果设计行业想成为核心战略业务合作伙伴，那么设计行业必须学会用设计和业务术语来思考。有许多关于开发可信赖商业计划的小册子可供阅读。设计师和设计管理者应该努力研究这个主题并将商业计划和创新设计策略的方法结合生成设计任务书。

设计任务书也是一个项目的跟踪工具。此外，真正优秀的设计任务书是一份设计解决方案的最终陈述，以确保项目获批的完美大纲。最后，不要忽视与你的业务伙伴研发设计任务书实际流程的重要性，并将它作为帮助你的非设计人员理解并完成设计项目的各个复杂阶段的工具。

2 谁负责研发设计任务书?

当一个有效的业务需求被设计专家们认定，并且执行该项目的设计团队也已确定时，研发设计任务书的流程就必须立刻开始。

第一步是确定谁将拥有项目"所有权"的身份。所有权意味着担负最终责任。如果项目成功，谁会得到赞扬？如果失败，谁会对失败负责？

我坚定地认为这必须是共同所有权。必须有一个所有者代表团队设计工作的业务需求，另一个所有者则是从设计功能上满足这种需求。他们在项目中必须是平等的合作伙伴，这是一个战略业务伙伴关系，而不是客户与服务提供者的关系。

设计师和设计经理必须改变他们作为服务提供者或"出租车司机"的心态，而应有平等的商业合作伙伴的战略心态。如果事情出了错，设计师需要接受和面对问责。

客户还是合作伙伴?

据我所知，很多设计师和设计经理频繁使用"客户"（或"顾客"）这一术语。"我的客户想要一个浅蓝色背景"，"我的客户非常难相处"，"我的客户从来不会让我足够早地参与项目"，"我的客户不懂设计"。用这个术语往往流露出我们是如何介入这个项目的。实际上是在说我们不负责设计，"他们"负责设计。为什么不能成为合作伙伴？为什么不能共同承担责任和义务？

在我的咨询实践中，我非常努力地不去使用"客户"这个词。相反，我在项目中谈及对方时用"伙伴"一词。当然，按严格的定义，这些人都是我的客户。我只是不想这样去看待他们，正如我不希望他们仅把我看成一个服务提供者，我想成为他们的伙伴。

与大多数人一样，我有一个私人医生。有人会说，我是他的客户。我有医疗需求，我为他的服务支付费用以满足我的这些需求。我应该负责，对吗？不！如果有什么事情发生的话，我的医生似乎比我更有责任。为什么？因为我的医生有令人难以置信的专业知识，而我没有。我是对自己的感受和我自身症状描述最有权威的人，但我的医生才是知道如何解决我的病痛最有权威的人，而不是我。因此，我们是平等的合作伙伴，我们都要对治疗的结果负责。如果我没有把病情描述得足够清楚或假如我隐瞒了关键信息，医生将不能为我进行最好的治疗。

对设计行业来说也一定是这样。对于那些因为我们有特定专业知识而寻求我们帮助的人——即所谓的客户来说，我们必须成为平等的伙伴，共同承担责任。当我们适应了这种心态的改变，精彩的、有创造性的事情就能发生，伟大的设计便会应运而生。工作中产生的关系可以成为自主创新的源泉。

共同所有权

对于一个有设计业务需要的人来说，编写设计任务书并交给我来执行，这是不合理的。写一份设计任务书时不考虑合伙人重要的知识背景对我而言也不合理。因此，许多年前我就断定一份设计任务书至少要有两个人参与制作：一位代表业务需求方，另一位代表设计方。

当然，有时会有超过两个平等合伙人声称对设计任务书有所有权，有时还可能有第三方。这通常发生在某种商业联盟的情况中。例如，两家结盟的航空公司，每一家都保留着自己的品牌和身份，但这两家共享市场的某些产品。要解决这些共享产品的设计，在设计任务书开发中就可能需要三个平等的伙伴。在这个例子中，这意味着两家航空公司各有一位代表和设计公司的代表一起研发设计任务书。这两个人将与设计任务书的代表一样必须对设计任务书负责。在大多数情况下，尽管我强烈提倡这种以共有责任的形式来开发设计任务书，但不主张由大的委员会来编写，由委员会来编写设计任务书会更糟。一旦委员会认为有责任实施开发编写任务书，并扮演设计师的角色，规则将会变得混乱。设计任务书的团队里可以有许多人，但只有2~3人才是任务书的所有者。设计任务书团队的责任是投入和批准，并不一定是撰写。

合伙人应具有何种水平？

被任命的设计任务书共同所有者的个人水平可能会因企业项目的不同范围和重要性而不同。一位设计高管和经理（或主管）最有可能拟出一份年度报告给股东，或设计一个新的突破性产品或服务。另一方面，可以利用共同所有者中的一个中级营销专家和首席设计师来修改现有的小册子、目录、包装或产品。管理水平不是一个真正的问题，无论如何，开发设计任务书的过程将保持不变。

最后，还有一个问题是关于客户经理或项目经理的。许多机构雇用项目经理——我们称之为"合适"的人。他们应是共同所有者吗？对于一位项目经理成为编制设计任务书的共同责任人，我认为没问题，前提是客户经理完全了解设计任务书、设计过程及设计师需要的信息。随着时间的推移，我曾遇到过许多的客户经理，他们是出色的销售人员和流程管理者。不幸的是，他们对设计知道得不多。我的意见是，把介于设计师和客户、合伙人之间的这类人当作缓冲剂，来应对反对力量，以解决设计问题并实现良好的设计，设计师一定要直接接触他或她。

入门指南

共同所有人的第一步是要一对一地确定几个关键问题的答案。第一次会议最重要的目的是确保双方对这个项目的一切都非常清楚明白。典型的问题包括：这个项目的主要目标是什么？为什么这个项目是必要的？为什么现在要做这个项目？我们希望得到什么样的商业效果？这个项目最关键的方面有哪些？最后——也是最重要的——在本项目中，所有利益相关者有哪些？大多数情况下，建议书中要么不包括这种类型的信息，要么这类信息非常模糊，这也是不要将建议书及由此产生的提案考虑成一份恰当的设计任务书的另外一个原因。

即便成为合伙人并由此负责一个项目，但如果不知道这些问题的答案，那这对我来说没有任何意义。然而，多年来我一直参与各类企业的设计项目，这些问题的答案却一直得不到解答，真是让人震惊。让我们仔细探讨这些核心问题。

项目的主要目标是什么？

几乎每个案例都会为某个项目暂定名称，如"为XYZ产品设计一个新的宣传册"或"对1234型烤面包机进行再设计"。为让顾客对所有的品牌重燃兴趣，我经常收到这样的请求："你能帮我设计一个标志吗？"这些都是非常好的。很高兴知道我们正在做什么。但是这个项目的主要目标是什么？是什么让人夜不能寐，从而需要着手这个设计项目？

仅仅是因为我们例行公事地每6个月要做一套宣传册吗？抑或是目前的小册子包含了过时的信息必须修订？又或许现有的册子在市场上已失效？为什么？是产品或服务更新了而手册没有相应地更新？一个新标识应该具有什么样的视觉传达效果？作为一名设计师，我需要知道为什么要求我们做这个项目。如果我们不明白为什么要做这个项目，我们可能无法把这个工作做得很好。如果设计是一个解决问题的学科，那么我需要确切地知道问题是什么。在我的职业生涯里，主要是印刷项目中，我的很多伙伴都承认不知道项目的主要目标是什么，我感到惊讶。我常得到这些含糊的回答，如"市场营销副总让我们制作一套新的手册"或"销售报告指出我们现有的手册还不是很成功"。那么，究竟为什么副总裁认为我们需要一个新的宣传册？或者，仅是销售人员发现在当前的版本里没有所需要的内容？

设计任务书的许多优势之一是这些问题可以在无对抗性、无威胁性的环境中提出。毕竟什么都没做呢！我们仅是处在开发设计任务书的初始阶段。另一方面，如果我等到项目进行一半才询问主要目标是什么，会显得很愚蠢。从这些简单的问题开始，并对这些问题达成共识是完全合理的。如果这个目标在预备会上就不

明确，合伙人必须明白，他们在进行下一步之前必须找到问题的
答案。

为什么这个项目是必要的，为什么必须是现在？

这些问题听上去看似简单和多余，但真的不是这样。我们编写
设计任务书时，时间设定是主要任务，举例来说，即使出现紧急
状况我也想很好地掌控项目。如果确实是很急迫的大事，时间将
会很少，这将极大地影响我花在设计理念探索和开发上的时间，
我现在需要知道这个。

该项目预计的业务成果是什么？

请注意，我们谈论的是业务成果，而不是美学成果。在这个
会议上我们要做的不是设计探索。典型的业务成果包括如缩短销
售周期、增强企业竞争优势、增加市场份额、牢固地建立其领导
地位等具体目标。无论该项目的商业原因是什么，设计合伙人应
该了解的关键问题是："怎样做？"这个项目将怎样缩短销售周
期？将怎样增强竞争优势并增加市场份额？等等。你的合作伙伴
在这个平等关系中代表经营方，他们必须对这个主题有一些想
法，而你需要确认的是双方对预期目标达成共识。有时候人们希
望奇迹从设计中产生，而这往往事与愿违。只要你告诉我你的
目标是什么，设计当然可以有助于满足这些业务目标，但设计无
法满足一切！

事实上营销人员多次对我说："我们认为如果我们拥有真正
时髦的、色彩斑斓的小册子可以让人们大吃一惊，我们就会从竞
争对手中脱颖而出。"这是什么意思？告诉我你的想法，什么是
"时髦的"，以及为什么它会产生影响。我还想知道为什么你认
为时髦的宣传册会给你带来某种商业优势。有什么样的数据能有
效证明你的个人意见？

究竟什么是需要解决的问题？

识别关键利益相关者

最后，初次见面会上，我和我的合作伙伴需要确定这个项目中的所有关键利益相关者。列表往往比你想象的长。预先识别这些人将会使你开发一些关键策略，稍后我将在本书中讨论。这也是让这些利益相关者介入项目进行阶段最合适的机会。让我给你一些例子以供参考。

当今几乎所有的设计项目都涉及律师，会有版权、知识产权、商标权、专利权等问题。你会运用图片库吗？如果你会，关于图像你想要怎样的权限？你会使用外部供应商吗？会有合同吗？在最终设计方案审批之前有必要的法律审查？当今在商业设计项目中不涉及律师是很困难的，他们是利益相关者。何时需要他们参与？他们需要多少时间来做他们的工作？是将整体预算的一部分分配给这些利益相关者以进行他们的活动吗？如果是，分配多少？他们会在项目进行过程中不断与你协商，还是只会在最后出现并告诉你需要进行修改？

其他利益相关者包括销售组织、制造、采购（我们习惯称之为"购买"），分销渠道和审批人员。列表将会越来越长。但你不想在最后一刻才发现仓储和分销在接受印刷材料或产品进入他们的系统时指定了3个月的交付周期！所有利益相关者都需要预先确定，然后提供有关他们的问题、关注、约束和需求的详细信息。

设计只是一个成功企业所具备的要素之一

数年前，当我在吉列公司负责设计功能时有一位导师。我们研发销售附属材料、零售采购点及展示材料，并做一些包装项目。我的导师告诉我，我们做的设计项目实际上只是销售过程中的一部分。为了满足所有的业务目标，将关键因素整合是必要的，但它们必须密切配合，协同工作，当然，他是对的。我工作室的有些设计师认为产品销售良好只是因为其包装、宣传手册或店内展示，其实远不止于此。但就设计部分而言，如果要令其有效，设计功能就必须完全了解所有其他成分，设计师必须学会对所有其他关键因素提问。广告要像什么样子？广告中的关键信息有哪些？在销售周期中使用什么样的公关策略？要使用什么样的销售技术？设计活动如何精确地支持所有其他活动并与他们协同运作？

我的导师要求我做的事情之一，就是每年花几天时间与销售人员旅行，以观察实际的电话销售情况。我还参与了零售商与门店经理讨论他们如何使用"流行"以及如何陈列商品的谈话。多年来这已成为我的一个绝对优势。如果我从未与我公司的销售人员一起进行过电话销售，那我怎么去设计或者管理销售辅助材料？作为一个设计师，我需要彻底了解整个过程。我也把我的设计人员送到类似的目标客户所在地，这对我们的设计解决方案产生了巨大而积极的影响。如果我希望成为团队核心，被看作战略合作伙伴，希望设计以同样的方式被感知，我则需要成为整个业务流程的专家。不仅仅是一个"出租车司机"，一个服务提供者，也不只是一个聪明的艺术家。

合作伙伴需要相互理解

在我的合伙人心中哪些是项目的关键环节？这个问题也同样重要。如果我的合伙人相信手册必须非常丰富多彩，我想知道他们为什么会这样认为。在我们开始设计过程前，我想立即知道。如果我同意他们的依据，那当然好。然而如果我认为必须接纳其他理念，我则希望能立刻对这种创作的自由度进行协商。这样做将会节省大量的时间，沮丧和挫折感会来得更晚。出于同样的原因，我有职责帮助我的伙伴理解设计／创意过程。合作伙伴之间必须完全开放和坦诚，请记住，理解是欣赏的前提！

设计任务书项目团队

目前合伙人已经举行了筹备会，是时候确定谁将成为设计任务书团队的成员。利益相关者名单对于做这项工作很有用。显然，你不能将利益相关者名单中的所有人员都列为项目团成员。但你应该挑选10个或12个利益相关者，确保他们从一开始就参与项目。另外，设计师、作者（也许有）、技术支持人员之中谁会参与项目的日常实施？这个设计任务书的项目团队需要保持相对较小的规模，否则你什么事都做不成。所以要悉心选择团队成员，确保最重要的利益相关者在团队之内。

参加我研讨会的人经常会说，他们永远不会再有时间参加这种类型的会议。再次强调，我的回答是你必须花时间参与。无论你在本次预备会上花掉多少时间，将来都会得到10倍的回报。第一次设计任务书项目团队会议应该只需要你几个小时的时间。一旦你与你的合作伙伴建立了一个相互有价值的合作关系，这之后的设计任务书项目会议应该都会非常简短。在你习惯于这种工作方式后，你会惊讶于你启动项目之迅速，而且这个过程是真正行之有效的。

下一步是组建你的设计任务书项目团队。在理想的情况下，将会是所有的团队成员聚在一个房间开2~3个小时的会议。电子邮件和其他形式的技术有其用武之地，但没有什么能比面对面地讨论解决问题更迅速！我建议安排两次团队会议。第一次会议无疑会提出许多问题，需要一点时间来解决。这将需要另一次会议来讨论这些问题的答案。第二次设计任务书项目团队会议后，团队成员可通过电子邮件和电话会议确保信息畅通。实际上，除非有紧急情况，否则你应该不需要把所有成员再聚在一起开会。

设计任务书项目团队会议的议程相当简单。首先介绍自己的合伙人和其他团队成员（除非他们都已经知道彼此）。接下来，合伙人审查他们在预备会上讨论的项目细节。审查我们在做什么，为什么我们要这样做，业务目标和结果是什么，以及谁是利益相关者，然后确定由谁真正担任设计工作。

在这时，设计任务书的项目团队被邀请评论和提问，团队中的每位成员应该会被问及他们在项目中的具体担当。在这里提请注意，这不是一个为设计什么而开的会，它仅仅是一个确定范围和时间，并征求业务内容的会议，会存在没有明显或直接答案的情况。不止一个人会说："下次会议我一定会给您答复。"那也没关系。这样再次说明了为什么我们需要有第二次会议。关键是确保有人会得到答案，以及确定交付问题答案的日期。

　　这种会议有一些额外的好处。首先，每个人都喜欢被咨询，享受项目的参与感。在这个阶段，没人能真正伤害他人。我们只是告诉人们有些事即将发生，并对他们的投入和专长报以欢迎。之后，你不会听到别人说"如果你只问我，我会告诉你……"；其次，利益相关者中的非设计一方将会开始把设计活动方作为伙伴，而不只是装饰性服务的提供商。

　　一旦进行了第一次小组会议，共同所有者实际上可以开始起草设计任务书了，初稿将会呈现在第二次团队会议中。

3 设计任务书的基本要素

对我来说很重要的是反复提醒自己：设计任务书没有唯一、现成的格式。你自己想要创建的实际格式取决于公司的标准、实践、文化以及设计项目本身的类型（工业设计、包装设计、通信设计等）。有些机构更喜欢本质上属于描述性的任务书，另一些喜欢分类列表。有很多集合了图形、图表或插图，另一些则没有。然而无论你最终采用哪种文本格式，一份完美的设计任务书内容的关键成分是相同的。

当某些关键因素未包含其中时，同样重要的是要注意所用时间，这取决于项目的性质以及有关的设计团队。可能也有一些因素未被提及，需要你决定并把它们纳入其中。考虑了这些因素之后，每个机构都应该创建自己的格式和成分列表。

正如第2章中所述，实际共同所有者创建了设计任务书初稿并决定了格式。如果整个设计任务书的项目团队试图以委员会的方式坐下来撰写初稿，那么任务书将永远无法完成。

第一次设计任务书项目团队会议后，合伙人以他们选定的特定格式制作了任务书的初稿，同时毫无疑问的是会漏掉一些信息。初稿会在第二次团队预备会上被任务书项目团队评审，此时允许团队成员加入被遗漏的信息。我们的最终目标是在第二次会议结束的时候全体成员达成对设计任务书的一致意见。这个过程也将确保所有的关键信息确实提供给了设计任务书，并且信息对每个相关者来说都是及时的、精确的和真正有用的。

当然，更改或增加会发生在设计任务书文档的整个项目过程中，这是不可避免的。但是设计过程开始之前通过对设计任务书的基本内容协商一致，可以使这些不可避免的变化控制在最低限额内。

以下是一份优秀的设计任务书通常涵盖的基本成分：

- 项目概述和背景
- 类别审查

- 目标客户评价
- 公司产品投资组合
- 商业目标和设计策略
- 项目范围、时间计划和预算（阶段）
- 研究问题
- 附录

项目概述和背景

这部分必须明确说明项目范围、业务需求、项目目标、预期成果以及项目所有权等问题。

我们知道有许多人，特别是那些没有参与项目日常工作的人，不会阅读整套设计任务书。因此，这个第一部分还需要作为项目的行动纲要。它要有丰富的信息但又不能太长或读起来吃力，这需要仔细建构。下面是一个以叙述格式编写的主要设计方案的例子：

公司现行的产品投资组合方案反映出一系列差异性的视觉处理办法。这些办法产生于不同时间节点以满足多种经营目标和策略，结果该产品投资组合方案缺乏视觉凝聚力和清晰度。这些复杂、凌乱的全球产品市场，加剧了目标顾客的困惑。为得到清晰、有吸引力的产品投资组合方案，缩短销售周期，增加竞争优势并提高市场份额，从而提升最终利润额度。整个产品投资组合必须重新设计，从而提高产品生产底线，未来新产品的设计原则和策略也必须建立在这个保护策略下。

公司的品牌元素应贯穿最终的设计方案的始末，以实现产品直观、有吸引力的外观线条，以及在保护策略下能明确地区分不同产品。

注意，在第一段中，仅仅五个句子就传达了大量信息。第一句指出：随着时间的推移，我们公司及产品的视觉外观变得支离破碎。第二句告诉我们这种分裂的结果：投资组合缺乏视觉凝聚力和清晰度。接下来的句子给了我们更多的必要的信息（特别是对于设计师而言）：因为行业的复杂性、混乱性、全球性，使得客户很困惑。接下来，作者赋予我们一些洞察力去了解项目业务目标并提出解决方案：所有一切即刻重新设计。作者还给了我们一条忠告，以避免在可预见的未来重复这样的工作。最后在接下来的段落中，一些强制性元素被明确使用在项目的再设计中。

作为一名设计师，在我的头脑中总会盘旋一些初步的想法。将有大量的设计工作需要大家一起来做。既然现在存在混乱与困惑，我们的观念一定要明确，要直截了当，易于理解。我需要开发一个保护性视觉策略，我不能改变现有的品牌标识的视觉标准。每个产品必须包括一些元素以区别于其他产品，这是一个很有用的投入！

因为非设计类管理人员会阅读这份设计任务书，这两段牢固地建立起了商业存在的理由。此外，这两段表达的意义需要团队中非设计类合作伙伴的理解。

以下两个段落中，这个设计任务书的例子会包含其他一些关键信息：

为了最有效地执行这个项目，此次重新设计将包含6个阶段：

● 阶段1——完成现有公司的产品投资组合以及三大竞争对手的产品投资组合的视觉审核。

● 阶段2——开发创意设计概念的最大值，包含6个创意概念，以满足项目业务目标的需要。

● 阶段3——让目标客户来检验所有的概念。

● 阶段4——选择3个概念并进一步完善，让目标客户重新测试这3个概念。

● 阶段5——选择1个概念全面完善，做最后的测试，并准备呈报批准。

● 阶段6——获批的设计方案。

该项目在预计（日期）内完成。项目的预算（金额）已确定。

在这里我举的是一个真实的例子，尽管我已与公司达成协议，禁止我泄露公司名称或竞争对手的名字。我之所以用这个例子，是因为它确实非常好。虽然我认为部分信息有遗漏，我会对这些细节作处理。

最后，在这一页的背景部分，作者确定了项目的完成时间、预算、共同所有者和设计任务书的项目团队成员：

项目所有人（<u>姓名</u>）、营销副总裁（<u>姓名</u>），战略设计总监（<u>姓名</u>）。

设计任务书项目团队成员将包括：（<u>每个团队成员的姓名</u>）。

对不直接参与项目日常工作的许多人来说，他们仅读这一页就够了。这包含了他们所需的基本信息。尤其重要的是，该项目成功或失败的责任是明确的，而我也是通过名字来识别关键利益相关者。所有人都很清楚他们要做什么，为什么要这样做，以及谁负有责任。

事实上第一部分可能是最难写的。它必须有丰富的信息，还要简洁到足以作为执行概要。它是业务目标、设计策略中的一个关键因素，是详细的阶段描述，也是晚些时候审批报告的基础。以我三十多年研发设计任务书的经验来看，本节是撰写最费时的两个部分之一，也是任务书最终完成并获批的过程中团队在会议上争论最多的主题。然而此后它会有更多的用途，我们在设计工作开始之前花时间和精力来修正它是非常值得的。

类别审查

所谓"类别"，我指的是所涉及的产品或服务的特定行业。对许多人来说这似乎是"明摆着的事"。然而，如果你进一步考虑这个问题，你会发现类别——也称为"行业"——并不总是像你想象的那么明显。也许举几个例子将有助于你理解。

麦当劳属于哪一类呢？大多数人说"快餐"。当然，麦当劳在餐厅中提供快餐服务，人们合理地认为它属于这一特定类别。然而，它最初归属于"娱乐"这个类别。从麦当劳成为行业领袖的整个理念来看，它是一个家庭玩乐的地方。有游乐公园、开心游戏餐、猜谜和小玩具，罗纳德·麦当劳小丑的口号是："你今天应该休息！"整件事就是与孩子们一起的娱乐——并且"哦，顺便说一下，你还可以吃到一餐饭"。他们最初的竞争对手把重点放在提供的食品上，而麦当劳品牌把重点放在娱乐上。这就从竞争的角度把它们区分开来。你可以吃和娱乐，你可以在此举行孩子的生日聚会，你的孩子可以在游乐园里消耗掉过剩的精力，这是公司多年来良好运作的战略，它成了一个类别的领导者。现在，假如你被要求为麦当劳早期做一个设计项目，你是否想到他们竞争的主要类别是娱乐业？你是否想到竞争将包括主题乐园和家庭娱乐场，比如马戏团？如果你简单地认为该公司只与汉堡有关，那你的设计理念将非常有限。

还有其他同样重要的类别加以定义。例如设计和建造商用飞机的公司，在大多数人的心目中，属于飞机的范畴，当然，它们是。这些公司需要设计和建造航空公司想要购买的飞机。航空公司想提高可靠性，增加可容纳特定乘客数量，以提升购买和操作的成本效益。但在考虑所有情况之后，商用飞机仅用于有意愿乘坐飞机乘客的运输，乘客们并不把飞机看作机器，他们想要安全、舒适、快速的交通工具。所以，在这种情况下存在实际上的分类。第一是飞机制造业，第二是航空业，第三是交通运输业。另外，如果你为飞机制造商做设计工作，难道不应该意识到你实际在从事其他类别的设计吗？

在设计任务书中类别讨论常常被忽视，但它确实很必要。值得高兴的是，你不必讨论每一个新项目的分类问题。一旦你的设计团队完全彻底地了解公司所从事的类别，实际上这些材料都成了样板。这应该纳入每份设计任务书中定期审查和更新，但在主题初探后，本部分的设计任务书就不应该花太多时间来完成。

很有可能类别讨论所需的必要信息可以在公司的品牌定位说明、整体商业策略、理念说明或市场研究报告中找到。至关重要的是类别审查部分的信息也包含在你公司的竞争对手信息中，关键是能清楚而全面地阐明当前公司在市场上的定位。如果设计方案不适合它正试图解决的问题，并且不适合所涉及的类别，那么即使它可能是一个好的和令人兴奋的设计，但对公司的特定目标而言并不是一个有效的设计方案。

在"我们属于何种分类或类别"的讨论中，可能会引起一些典型的问题，它们包括：

1.产品的列表

描述该项目中的每一项产品或服务，它们的各种特征和效益，当前市场份额和销售历史，现在它们的销售情况如何？它们存在多久了？每种产品在市场上有什么权益？每种产品和服务是否安排了定期的更换？这种产品的获利情况如何？许多营销高管（和设计师）认为这些不是设计者们真正有必要关心的信息。我坚决反对，所有这些问题的答案将长期有助于我找到创造性和恰如其分的设计理念，以满足公司业务目标的需要，正是这些基本信息帮助我关注可能的设计方向。

2.竞争

为主要竞争对手列出一个类似的表格。

3.定价和推广

描述每种产品或服务所使用的定价和促销方法以及它们竞争对手的情况，尽可能具体和详细。

在我职业生涯的早期还不太关心这些事时，我学会了重要的一课。我的小组被要求为消费者设计一款新的健康和美容辅助产品的包装，我们实际上想出了"获胜者"这一方案，虽然在我的设计组中不会这样说。不幸的是，在我们提请批准设计方案后，很快被拒绝了。为什么？这个产品会以样品尺寸随当地报纸免费附赠到各家——我们没有意识到这样一个事实，甚至忽略了询问这一问题。为了便于装入报纸袋，样品的尺寸非常小，而我们的设计并没有以免费样品的尺寸为参照。我们必须从头再来，这次我们把各种产品的尺寸都牢记在心中。

我也见过许多超过产品价格范围的"过度设计"方案。完成设计方案的成本会严重影响产品的最终销售价格，这些费用会分摊到产品价格中。设计师们在开始进行研发创意理念之前应该尽可能了解每一种定价和促销技巧。

4.品牌

把所有的单个产品或服务与公司品牌策略及定位联系起来，与你的主要竞争对手做相同的事情。市场上对你自身品牌的认知相对于竞争对手是怎样的？在这些认知中最重要的差异是什么？它们有多重要？例如我曾为一家超过150年历史、被誉为行业引领者的公司工作，随后出现了一家新的创业公司成为它的主要竞争对手。新公司以现代、与时俱进、尖端和值得信赖标榜自身。当然，虽然这是老生常谈，关键问题是在完善品牌价值的同时，我们应该在会议中利用新的竞争对手吗？我们应该走向一个更现代的视觉方式，还是该保守地维持现状？关于这些的讨论绝对不是没有意义或是轻而易举的。这个重要的讨论必须在对各种设计可能性的探索开始之前就完成。

5.类别（或行业）的趋势

类别出现的重要趋势是什么？这些趋势对这个项目可能产生什么影响？例如几年前，我为艾滋病患者设计健康和美容类产品，洗发香波是公司当时的主要收入来源。当时洗发香波颜色的趋势使洗发香波有了自己的颜色——主要呈绿色或琥珀色。当然，这一趋势也会影响我们产品的用色。之后趋势转变，"干净"成了新趋势，最受消费者青睐的洗发水变为"明净如雨水"。绿色和琥珀色已过时，干净成为流行。现在，干净是一个在调色板中很难处理的元素！显然，各种类别或行业趋势将会以主要的方式影响设计方案。

6.公司经营战略

什么样的经营战略是公司目前追求的目标？价格？质量？价值观？环境是否合适？也可能是被收购？重组？或是联盟？无论经营战略是什么，设计功能必须充分认识它，如果不清楚公司想要获取的收益和利润方式，则设计功能无法提供有效的设计方案来支撑经营战略。

目标客户评价

在我审查过的数百个设计任务书中，目标客户评价是最易被轻描淡写的部分。实际上，目标客户的评价通常只有只言片语。一些例子包括如："女性，18到30岁""母亲""青少年""股东""高管"以及广受欢迎的"每个人"！我需要知道比这更多的信息。"18到30岁"什么样的女性？她们住在哪里？她们受过何种层次的教育？她们的兴趣爱好是什么？"母亲"包括祖母吗？是年轻的母亲？成熟的母亲？继母？这些过于简单的目标客户描述对我为他们所做的设计没什么用。如果设计项目有一个真实的业务需求和一个期望得到的结果，我则需要清楚地知道我在为谁设计。

因此在设计任务书中，尽可能完整地描述所有目标客户变成了一个基本要素。特别关注国家、文化、地域和性别差异，尤其是全球化的产品，是否恰好定位到那些欣赏你的设计并作出回应的人？

在上文中我曾描述过我习惯定期拜访客户，以便更深入地了解他们。如果由于某种原因，在你的团队中定期拜访目标客户的实践活动难以实施，那么你必须从对目标客户有直接经验的人那里得到信息。在大多数情况下，他们是公司的销售人员。设计师必须与那些经常接触到目标客户的销售人员建立良好的关系，不要害怕，尽可能多地向他们询问你需要了解的问题，直至完全了解目标客户。

同时要牢记，通常会有众多客户——而不只是一个。回到我的飞机制造商的例子，设计师必须了解各种层次的目标客户。首先，飞机必须对要购买它们的航空公司有吸引力。其次，飞机要对潜在的乘客和空乘人员有吸引力。这些乘客有男也有女；有公差旅行者也有度假旅行者；有老也有少。目标客户群体之间的需求差异很大，而设计师必须了解所有目标客户群体的需求。在设计任务书中把他们简单地描述成"每个人"，甚至还没有开始描述他们都是不妥的。

设计全球产品实际上更加困难。设计师经常喜欢争论的一个问题是："你能开发一个设计方案，在世界上任何地方都同样管用吗？"我的回答通常是："不能。"不同地域总是要求适应不同文化背景的目标客户的需求。

　　有一次，我有机会同北美一个重要的贺卡公司的一些设计师交谈，他们阐述了北美洲不同地区设计贺卡的复杂性。例如，在新英格兰销售的圣诞贺卡看起来与亚利桑那州人想要购买的圣诞贺卡完全不同。品位、传统、当地的装饰和气候，都是决定设计这些节日贺卡的元素。为了迎接这一挑战，公司定期指派设计师考察北美大陆的所有地区，目的是让这些设计师亲身体验这些不同地区客户们的视觉喜好、传统和品位。这是公司确保设计人员为每位消费者量身定做出适当设计的唯一方法。现在，这家贺卡公司高度依赖于设计工作。事实上，这是他们的产品。所以这种产品投资做法有良好的商业意义。其他公司可能不这么看，所以你也许会探索其他方法以获得该地区目标客户的数据。

　　在当今复杂的全球市场中，好的设计师需要了解所有客户并确定在开始设计过程之前就对他们了如指掌。一个全面的目标客户描述绝对是至关重要的。

公司产品投资组合

　　当外部的设计机构致力于某个项目业务时，公司产品投资组合尤为重要。然而对内部设计团体来说它也是一个有价值的部分。其次，设计任务书中的这一部分，在其初期可花一些时间去研发，但当它完成之后，便可以成为样板插入到设计任务书的所有后续各部分中。它需要经常检查，必要时加以更新。

　　本节尽可能完整地描述公司（或企业）及其活动。构成组织的所有元素是什么？在所有元素中，每一种元素在设计任务书中的项目描述里有多重要？例如Ben & Jerry是美国一个主要的冰淇淋品牌，从一开始就提出了强有力的承诺，即众所周知的"做一个关心社会和负责任的企业"。创始人从他们的利润中拿出了大量资金，广泛地为慈善机构和有意义的事业提供各种各样的服务。在这个例子中，对设计团队至关重要的是，在为Ben & Jerry公司研发设计理念时，要把这一理念考虑进去。

　　在其他情况下，这可能是比完全理解公司所有产品的品牌定位和品牌声誉更大的问题。

如果公司使用的是单一品牌战略，使用它的单一品牌用于所有的产品，IBM就一直如此。在设计任务书中，单一品牌战略需要强化和清晰。

另一方面，如果公司对每一个产品或服务都分别采用了品牌战略，那么这个品牌的独特属性必须包含在设计任务书中。宝洁公司就是采用的这种战略。通常情况下，消费者不可能完全知道汰渍、佳洁士、多维、易洁、帮宝适等是宝洁的产品，因为它们的定位都是分开的独立的品牌。许多公司采用这种策略，而事实上它们在与自己竞争。例如宝洁的多维和易洁品牌都是洗碗液，但它们有不同的品牌身份和特征。无论你决定购买哪种品牌，宝洁公司都会得到收益。

也有使用背书式的品牌战略公司。通用汽车公司就是一个例子。它有几个品牌——雪佛兰、别克、凯迪拉克——每一个都有自己的品牌身份和定位，但都是通用汽车公司的产品。这是分层方法的一个典型例子。通用汽车公司的品牌，价格区间从低端到高端，豪华品牌凯迪拉克价格最高。虽然每个品牌都有其独特可视的属性，但通用所有子品牌的主要品牌属性都是一样的。因此，挑战在于如何有效区分凯迪拉克和雪佛兰，但通用这一主品牌可以代表一切子品牌。

最后，有些公司综合使用上述各公司使用的战略。吉列公司有统一的品牌（吉列），以及一些别的品牌（博朗、金霸王、欧乐B）。如果你应邀参与欧乐B的设计项目，你应该明确母公司的品牌——吉列，如果需要出现在设计方案中，那么它应该扮演什么样的角色。

关键问题是确保设计任务书必须非常清楚地说明这个特定的项目与公司其他产品组合和（或）服务必须整合（或不整合）。

在一份综合的设计任务书中，这个特定的部分连同其他几个部分，是你的设计人员之间启动讨论非常重要和很有意义的宝贵工具，对于你的非设计合作伙伴方也是如此。在开始设计过程之前讨论这些问题，通常会激发更多的创造性。

商业目标和设计策略

　　根据我的经验，业务目标这一部分应该是设计任务书中最重要的部分，然而它通常也是人们最容易忽略的部分！

　　对于一个真正有效的设计方案，它必须能解决问题。如果这里有一个问题需要一个解决方案，在问题必须有明确表示的同时，要解决的商业目标也必须有清晰的描述。一旦对业务问题及目标有了清晰的理解，这时——只有这时——才能研发出一个连贯的设计策略。

　　在设计任务书的第一部分——项目概述和背景中，我们为业务目标奠定了基础。现在是时候在扩大讨论的同时制订一个进攻计划，一个战略，以接近设计过程。

　　项目中所有关键利益相关者需要在这方面达成一致。这是你的"合同"。如果做得好，它将是你在尝试和追求各种创意理念上获得认同的最好机会。这也是你所呈现的设计方案最终获批和验收的关键组成部分。

　　如前所述，无疑你想要完善自己的设计任务书格式，但作为一个起点，在这部分我会与你分享多年来我所使用的格式。

　　我和我的合伙人、伙伴创建了两个栏目。左边栏目列标题："业务目标"。我明确地向我的伙伴表示，他们是本栏的唯一所有者，要求他们"按优先顺序列出该项目的所有业务目标"。既然我认定我的伙伴在项目业务目标上是最好的权威，那么在最初就让他们来研制这个列表才有意义。

　　右边一栏有相同的基本规则。这一栏的标题是"设计策略"。既然我们是世界上最优秀的设计专家，我和我的员工将研发出某些特别的设计策略来满足每个既定业务目标的需要。请注意：此刻我谈论的是设计策略这个方向，而不是在描述具体的设计理念，设计理念最终来自战略。

　　一旦两个栏目列表的草稿完成，我和我的伙伴将逐个审查和讨论每个项目。坦率地说，这将会使我们之间出现一些棘手的问题和意见分歧，但既然设计过程尚未开始（记住，我们只是研发任务书），这些讨论和分歧不是对抗，而是提高成效。

一旦我和我的伙伴对所列的内容和实质取得一致的看法，我们就同整个设计任务书团队进行修订，以取得他们的支持或一致同意。

这一过程有很多好处。首先，不管你信不信，它会加快整个进程！虽然任务书这部分内容确实会比制作其他部分花稍多一点时间，但这是为设计理念开发阶段提供焦点和清晰度，从而为这个重要的阶段压缩了时间。在整个过程中，也几乎完全消除了错误观念。会议上的误解也消耗了大量宝贵的时间！另外，这一部分对双方都是一种教育的手段。设计师和设计管理人员能够更好地理解业务问题，有问题的人通过对设计程序和理念的研发而对设计有了更好的理解。这是一种双赢的办法。

如果，在设计过程的早期阶段——理念的研发阶段——设计师们突然迸发出一个绝妙的、有极高创造性的理念，然而又与任务书中统一认同的策略不相符该怎么办？不要紧！设计任务书可以在设计过程中修改。当然，只有修改能为设计中的问题带来更好的解决方案，并且合伙人、合作伙伴和设计任务书的团队都同意更改才可以。从某种意义上说，设计任务书和许多其他商业计划一样，都是活的档案，在必要时可以修改。最重要的一点是，如果设计任务书是经过仔细思考后写成的，这些不可避免的修改应该会很少，这将再次节省宝贵的时间。当没有设计任务书，或是用极少的信息拼凑出设计任务书时，那么在有成功可能的最后期限内，宝贵的时间会流逝掉。

回顾金·卡尼在第1章中炒菜的比喻，最有助于你的方法是在炒菜之前将所有的"要素"组合起来。我们的目标是确保我们用设计团队真正需要的每一点信息来创建一个有效的设计方案，花最少的时间在无数次会议中谈论自己"喜欢"或"不喜欢"上。这一部分为找到真正有创意的设计方案提供了一个良好的战略路线图。

项目范围、时间计划和预算：项目的各阶段

设计任务书中的这部分为我们成功创建路线图提供了关键细

节。它确保每个涉及的人对项目的方方面面都有一个清晰的理解，并对此达成共识。对于设计团队来说，它也是一个奇妙的工具，可以用于设计过程中向他们的业务伙伴解释。同时它常常促成谈判成功并为项目获得更多时间和预算。

制作这个部分为设计团队经理提供了将设计项目分解成不同独立部分的机会。通过这样做，你的伙伴开始理解在执行项目中所涉及的一些细节。一旦我们更好地理解这些事物，我们通常会更欣赏他们！许多设计师跟我说过这样的话："为什么我的客户不理解我在做什么？""为什么他们不理解做这些项目要花多长时间，需要多少成本？"好，这是你改变这一切的机会！

设计行业通常会把流程当作精心守护的秘密。因此，许多非设计行业的人就认为我们只是走进后面的房间，拿出"创意"这种东西，从房间出来的时候手里拿着的东西看起来还不错。这就是"艺术家"心态！和你的伙伴坐下来，去进行各阶段的工作项目，你将有机会向你的伙伴解释，认同你为成功完成项目而提出的时间计划和预算要求。

为了实现这一点，每个阶段的描述至少包含下列项目：

● 阶段（活动）的精确描述
● 阶段的时间框架安排
● 各阶段所涉及的人（一定要包括关键利益相关者，如律师、采购代理、市场研究人员等）
● 获批的特定阶段（谁、何时、何地）
● 阶段预算

当然，阶段的数量将由特定的项目而定。最重要的是关于阶段的描述应是完整的，对所涉及的人员来说都是可以理解的。最好的达成方法是首先和你的伙伴创造理想的环境，你会从任务书项目概况和背景章节中回想起早先的例子。在那个真实的例子中，用6个阶段进行了总结。

对于概述部分来说，任务书的摘要是很好的，但现在要为每个阶段添加更详细的描述。

回到我们的特定例子，阶段1概括为"对公司现有的产品投资组合及三大竞争对手的产品投资组合进行全面的审核"。好吧，这是一个逻辑起点。但现在是时候和你的伙伴一起扩大对这一阶段的讨论了：

● 我们是否有一个或多个有关公司现有产品投资组合的例子？如果没有，谁来收集这些材料？

● 需要多长时间？竞争对手如何？我们知道他们是谁吗？

● 我们目前有用来审核的材料或产品样品吗？谁来提供这些样品？提供这些材料要花多长时间？

● 谁会真正参与审核？他们采用什么样的标准来审核？

● 如何提交结果？会提交给谁？审核这一过程需要多长时间？

● 项目的这一部分费用是多少？这一阶段的起止日期分别为何时？

● 这一阶段需要利益相关者的参与或审批吗？如果需要，这些人又是谁？

我常常发现在审核过程中，我的合作伙伴被审核对象所涉及的范围、成效、时间和费用推着走。他们总是惊讶地发现，设计理念工作确实该在审核完成且设计团队分析这些结果之后才能开始。

当你和你的伙伴对项目的每一个附加阶段完成分析并核算成本时，可能会发现比原计划需要更多时间和金钱的情况。你的商业伙伴也许会战战兢兢。这时项目经理会说："好吧，让我们回到每个阶段，看看我们能在什么地方作些削减。"对提出的每一条削减的建议，你都必须询问对方"取消或削减资金，该项活动的商业风险是什么？"注意，我说的是"商业风险"。如果你只是简单地说，"设计团队不想消除这一步"，那么你的伙伴就会说："设计团队想要什么没关系！"但是如果有与商业相关的风险存在，会潜在影响商业目标，这样的话，你的伙伴多半会同意不削减该项。在这个过程中，合作伙伴通常会同意为项目提供更

多的时间，重新定义项目的目标，提供更多的资金或同时满足所
有这些需要。

目前我所谈的是对于需要什么来真正实现一个特定商业目标的
务实性的讨论。这是向你的伙伴解释的过程，因为他们是参与者。
人们都很难否定自己曾参与创作的东西！随着你和各种合作伙伴所
做的事情越来越多，每一个合作伙伴都开始对设计师的需求和设计
过程有更多的理解。我们再一次迎来一个双赢的局面。

最后的三个阶段

如前所述，阶段的决定在很大程度上取决于具体项目和设计
所涉及的类别。例如产品设计（工业设计）项目可能涉及多种工
程要素和模型构件，这些元素和构件不会成为像设计一个印刷品
（如小册子）项目的一部分。因此，工业设计项目不像为印刷项
目制作的设计任务书那样，工业设计项目中可能会有额外增加的
阶段。但我强烈建议所有的设计项目，无论它有多少特性（细
节），都包含下列三个最终的阶段：项目的最终批准、实施、评
估标准。

显然，每个项目都将面对最终批准阶段。任务书应当包括这一
阶段的细节。审批会议什么时候举行？谁具有最终的批准权？谁
提交审批报告？完成提交审批程序的预算是多少？人们经常忘记
制作审批报告会有相关的成本，这必须包含在整个项目预算中。
这些报告也需要花相当长的时间来制作。

在现实工作中，常有情况介绍含糊不清的时候。这是谁造成
的？从我的观点来看，那都是合作伙伴的错——合作伙伴已经接
受了项目结果的问责。然而，我知道事情并不总是如此。也有某
些人不直接参与项目全过程，但在最后提交方案并呈现给最终审
批者。虽然我不赞成这种做法，但在现实工作中它却常常存在。
在这种情况下你所能做的最好的事情就是为项目审批作一次防弹
演讲，为代表你向前冲锋的人作出说明，并希望他们会有效地利
用你的材料。如果你的审批说明确实是真实和完整的，有两件事
可能发生。第一，至少你将以旁观者的身份出席审批说明会；第
二，你甚至可能会被要求在会上进行说明。不管是哪种情况，一

定要描述设计任务书中的审批流程。我将在第8章中更具体地描述如何制作审批说明会上要使用的报告。

千万不要以为一个设计方案获得批准后，合伙人和设计团队就可以离开了！一旦批准，设计必须完成。这可能还包括制造或印刷过程。这当然还会涉及某种形式的分配过程。毕竟你为你的目标客户设计了这个项目。如何提交给他们？执行是设计项目的一部分，正如理念的研发和精炼是整个设计任务书的一部分一样。在项目的执行过程中，如预备会上，你会发现这是众多利益相关者发挥作用的地方。获得（购买）、印刷生产、销售力量，仓储、配送等都可能是完成项目的重要内容。具体日期和预算数据也必须包含在实施阶段的描述中。

最后一个阶段应该是评估标准。人们怎么知道这个设计方案和项目是成功的？记住，你和你的合伙人已经承担起这个项目成功或失败的责任。用什么标准来评估这个过程？整个过程会花多长时间？在评估过程中会有费用产生吗？

有很多方法来衡量设计方案的效果。这还是要取决于项目的类型。如果你设计了一个新产品，它出售了吗？如果是一个新的包装设计，它增加了销量吗？决定如何衡量设计效果的关键是：回到项目的商业目标上。

你会记得前面我们回答过的问题，我们为什么做这个项目，我们现在为什么这样做？我们想要什么样的效果？商业目标是什么？这些问题的答案为评估结果提供了依据。如果所希望的效果和商业目标实现了，设计项目就是成功的！

研究问题

研究问题在一份完整的设计任务书中是倒数第二个问题，但我不能确定你的团队是否会对此有具体要求。我在这里再次把它概括进来，是因为这个领域经常会被忽略。在与设计任务书团队进行初步讨论时，很有可能许多问题会被置之不理。如果这些问题是设计项目成功的关键，那么最好是在这部分列出它们，确定谁来解决它们，算出他们解决问题的时间，以及问题最终的答案是什么。如设计任务书中要求包括这一部分，它也只是提供给设计师一个安全保障，用以确保所有的关键问题能够被解决、答复。

附 录

这也是一份设计任务书中可选择的部分，但我总是把它包括在内。这是存放所有不适合其他部分，看似没有逻辑的所有素材的一个部分。它可能包含总结研究数据、竞争性分析文件、新闻剪报、照片、从你的审计中得到的其他视觉材料，或只是搜集的素材灵感。在我的职业生涯中，附录通常是一个充满了这种东西的文件盒，包括在理念开发阶段所创建的缩略图。这个附录重要到足以包括设计任务书的副本，或者对我而言只是一个充满了各种材料的文件盒，但它却适用于设计团队或设计任务书项目团队中的任何人。

在我作为公司设计经理期间参与项目时，常常听到有人说："你知道吗，这与我们三年前做的项目类似，记得吗？"在这种情况下，旧的设计任务书和我的附录文件盒通常为制作新项目的设计任务书节约了大量时间和精力。

有关内容的结语

在本章中，已经介绍了我认为真正有用的设计任务书所需要的基本元素。这并不意味着你不可以在你的任务书中添加其他主题。或者也不意味着你的概览中必须包含每一项内容。但最低限度，我建议你至少要考虑至关重要的每一个基本内容。经过认真考虑或与你的合伙人／合作伙伴讨论之后，你决定删除一个或多个内容，那是好事。至少在你决定前进行了讨论。

对于某些特定项目的类别审查，如果对你而言是不必要的，那就取消它。但必须小心，最重要的是整个设计团队了解业界目前正在做什么，以及你的竞争对手在做什么。不要简单地认定每个人对这种信息都是十分了解的。现在，业界发展非常迅速。同样，在你看来，公司产品投资中某一特定项目不重要，但至少应将该内容进行讨论。研究数据和附录也可以是任选的，这都取决于你的特定项目。

我坚定地认为设计任务书的各个部分都是重要的，而且，某些部分对任何商业企业都是至关重要的。下面，我所列出的内容，对任何任务书而言，都是必须有的：

● 项目概述和背景，是执行程序的总结，其清晰地定义了项目及其目标。

● 目标客户的广泛讨论。

● 设计策略如何与商业目标匹配的讨论。

● 阶段：包括项目范围、时间计划和预算的讨论。

设计任务书中最根本的内容是处理最初的开发设计策略以满足各阶段的商业目标。这两个部分，尤其会使你的项目受到积极的关注。

虽然只有共同所有者会写任务书初稿，这并不意味着，事先你不能与你的设计团队成员对所有内容进行单独讨论。事实上，我就是这样做的。一旦确定了参加某个特定项目的设计师，我就和他们坐到一块儿，审阅收集到的所有信息。这些信息是从我和我的合伙人所开的预备会议，同关键利益相关者以及整个设计任务书项目团队所进行的各种会上所搜集来的。我们应对商业目标特别关注，然后研发出设计团队的设计策略。正如我反对企业的功能只是把设计任务书交给一个设计团队一样，我也反对只是把我设计策略的思想交给实际参与的设计师们而没有任何进一步的讨论。设计师需要参与制订项目的设计策略。一旦设计团队和我达成了某种协议，我会和伙伴们坐下来一对一地编写任务书的草案。我知道有的组织会让整个任务书团队参加任务书草案会议。这种做法常常引发的问题是合伙人认为自己有权让一些他认为有某种作用的人来参加会议。现在我们回到草案编写委员会设置上来，这总是会花很长时间。

我意识到我推荐的这个过程似乎非常漫长！说实话，在你用这种方法来制作设计任务书的前几次，你可能需要比预期或计划更长的时间。但请记住几件事。第一，你在前期过程中额外花的时间，以后会加倍地找补回来。同样，随着你用这种方法所做的项目越来越多，之后的项目会变得更容易、更快捷。正如我之前提到的，任务书中的许多项目会变为样板文件，仅仅需要你把它们套用在下一个新的任务书中。你的目标客户、公司产品投资组合、类别审查等，在一个又一个项目中或许变化不会很大，重要的是要根据需要更新这些部分。

你也必须记住，这是一个理解的过程。你必须开始消除那些我常常听到的设计经理和设计师们重复地抱怨："他们不理解。""他们不给我足够的时间和预算。""他们不让我早点参与进来。"作为一个团队中的设计专业人员，你需要开始用非设计合作伙伴能明白的方式来有效表达你的需求。

最后，这是我能找到的将设计从装饰性服务关系转变成为真正受人尊敬的核心战略业务合作伙伴关系的最好方法。设计任务书的过程有助于你思维的转变。设计带来的这种新的对设计附加值的理解会立即产生吗？可能不会。对你而言，可能要花费一些时间和额外的努力才能实现转变。我从未承诺过这会很容易实现。但是我也说过，这取决于在设计行业中的积极主动与领导能力，以及作必要的改变以提升我们的专业到我们想要达到的高度。

4 让设计任务书获批

一旦你和你的合伙人成功地完成了设计任务书的草案，而且你也确定了一种为你的团体工作的特定形式，你需要和关键利益者组成的设计任务书团队来最终完成这份设计任务书。

这将包括与合伙人之间进行仔细地规划。你肯定不希望延长在委员会会议上修改草案的时间！以我的经验，最好的策略就是只在团队成员内传阅设计任务书草案的复印件。允许他们在一个相对短的时间内（不超过5个工作日）审查文档，事先声明本次审查的目的仅是发现任何明显的错误或遗漏，而不是一个用来讨论设计理念的会议。如果可能的话，安排一次面对面的团队会议，两个小时应该足够了。如果不是每个人都能参加，让那些不能出席会议的人至少提前一天提交书面意见。将那些缺席会议的人的书面意见提交给整个设计任务书项目团队成员。然后一定要讨论缺席成员的评论。如果你不这样做，你就要准备好接受缺席团队成员的批评。你应该不想让他们说："我给了你书面问题列表，但整个团队从来没有看过我的评论。"永远记住，这个过程要包括关键利益相关者。

终审的目的

设计任务书最后的审查实际上有多种目的。首先也是最重要的是，你要确认没有事实上的错误。你需要确认数据类别（行业）趋势是准确和与时俱进的，你要绝对清楚目标客户，还需验证公司对于项目投资组合的相关决策。在那之后，你才能真正确定目标，特别是经营目标、预期结果和设计策略部分，以及所有阶段的细节（特别是每个阶段的时间和预算分配）。毫无疑问，团队成员之间会就彼此设计任务书的部分进行讨论。合伙人有解释的责任，如有必要，也有义务用商业术语对设计任务书的每个部分进行阐释。

如果你有附件，可能需要也可能不需要将它囊括在这份传阅的草案中。如果附录包含必要的信息，则务必让设计任务书团队的每个成员都审查并尽量将它包括进去。另一方面，如果它本质上是作为设计团队灵感来源而收集的资料（上一章中有描述），那么它可能只对为项目做设计的设计师们有用。这需要你和你的合伙人来决定。

这个过程将再次向设计管理者提供一个机会来证明设计是一个解决问题的学科，而不仅仅是美学的实践。它将强化一个事实，即项目的设计师团队将以有策略、有效率的方式去满足业务需求。

额外的好处包括这样一个事实：许多人——关键利益相关者——能感觉掌握了所有权，直接参与了项目，并从一开始就意识到他们在向设计师提供咨询。这一事实也将是你最终呈交审批时的一个重要内容。

我记得在一次审批汇报时，一位高级经理对我们列出如此多的关键利益相关者表示很惊讶，因为列出的人中包括最早期参与的人。他的原话是："我认为这些员工的出现是因为你的一些设计师的心血来潮。"事实上，这是深思熟虑的、包容的、战略性的、有条理的，是耗费漫长时间制作的设计方案得以快速获批的有效过程。

任务书获批

此时，你的目标是使设计任务书迅速得到批准，这样你就可以开始设计工作。因为我是一个高度谨慎的人，我总是要求整个设计任务书团队在任务书上落款或签上姓名首字母。我也要清楚地表明，任务书的修改是不可避免的——尽管我们预计不会太多——但在进行任何修改之前，要确保整个团队都是参与者。

一旦设计任务书获批，我建议将复印件发给我们在最初会议上认定的更为广泛的利益相关者，但不包括设计任务书的项目团队成员。这肯定会包含各阶段的审批人员及最终审批人。在列表中的一个或者更多的人偶尔会真正阅读整个任务书并递交评论。有时这些言论是负面的或不赞成的，如果所提出的见解确实有效，我们将实施修订过程。通常他们提出的都是对于最终设计应该是什么样子的非常主观的个人意见或建议。很多人无法抗拒亲手尝试设计的诱惑，因而提供一些个人的设计理念。

我记得有一个人阅读任务书后建议："你应该在封面上用许多星星象征我们的'星'生产线。"让设计变成委员会工作内容的一部分不是谨慎的做法。在这些情况下，我和我的合伙人会送出诚挚的谢意来感谢他们的建议，强调这是一个团队努力的结果，团队也将基于规定的业务目标和期望的结果努力作出最好的决策。我们也会提醒给予建议的人们，在每一个阶段都有一个审批流程规定，这将提供一个极好的保护措施以防项目失败。

随着时间的推移，通过启动这种类型的程序，你的生意伙伴会意识到设计对于业务成功的价值，而且设计的功能会获得更多的信誉和信任。这使得在未来的设计之路上要面临的挑战更少。

我将分别与我整个创作团队的伙伴接触，并仔细阅读获批的任务书。虽然在起草任务书前我已同设计团队商量过，但他们通常没有参加任务书项目团队对设计任务书的最终审批过程。

因为我在职业生涯的大部分时间里都参与影印项目，作者总是与我们的设计项目密切相关。在项目创意人员参与的团队会议上，我绝对会把作者纳入参会人员中。事实上，我在公司的两个职位中，作者是我团队的一部分，向我直接汇报。对于许多高级别的印制项目，我也会邀请印制公司的代表参加会议。我这样做是因为多年来我认识到，印刷厂如果在设计过程早期参与进来，通常会提出很有用的建议。

其他设计领域在特定的设计过程中可能需要不同的专业知识。最终，设计经理需要确定谁会成为创意团队审查获批的设计任务书的一分子。

内部设计机构对抗外部设计机构

在外部设计公司从事设计工作的情况下，我遵循相同的流程。在大多数情况下，任务书创作过程中的一个合伙人将会代表外部设计公司。其他组织要等到设计任务书定稿，才去选择一家外部设计机构做这个工作，我真的不赞成这种做法。我强烈感到设计任务书应该以要求者和设计功能者这样的伙伴关系来制作，这就是请求建议书所要求的。

如前所述，一旦与设计机构签订合同，请求建议书以及随之而来的建议应该作为服务于制作现实中设计任务书的基础。对于我来说，在没有设计团队协助的情况下把一份已完成的任务书呈交给任意一个设计团队——无论内部或外部，都将会是适得其反的。

这在很多公司都是一个棘手的事情。我曾经在许多没有内部设计团队的企业工作过，但这些公司确实会聘请项目经理来代表公司监督外部设计公司的工作。在大多数情况下这种情形之所以存在，是因为——再一次说明——公司不习惯将设计专业人才考虑成面向业务的战略合作伙伴。他们认为他们需要一个精明的业务经理来指导"艺术服务"工作。如果这些项目经理没有受过设计方面的训练，我会强烈建议制作一份请求建议书，用它来评估建议，识别外部机构，然后让机构设计经理/合伙人来编写任务书。毕竟我们已经说过，合伙人是对设计任务书结果负责的人。如果你是一个没有经过设计培训的项目经理，也不可能作为设计的合伙人而对最终的设计方案真正负责。

5 应用设计任务书

设计策略可为设计团队开发项目创意概念提供一个明确的起点。所有的设计师都知道，灵感比大多数人认为的更难找到。设计策略栏应有助于灵感过程的发生。例如我有机会与一个公司合作，坦率地说，这个公司有严重的信用问题。他们热衷于赢得关注（真正可感知的竞争优势），他们习惯于宣布正在研发的产品有突破性进展，而实际上此时他们还在研发新产品的工作原型。这是常有的事，因为产品的开发和完善用了比他们预期更长的时间来完成。当宣布还未完成的产品时，他们倾向于制作图纸或插图作为宣布的材料。随着时间的推移，市场对这些宣称的突破性产品变得非常怀疑。该公司终于意识到，这种商业实践实际上有损于他们的品牌形象。

公司的管理层明确他们需要一个全新的、看起来非常不同的品牌目录。建立这个目录的商业目标之一是发出信号：它们不仅创新，也可靠。在任务书列表中有一条设计策略与经营目标相对应，"探索概念只能用被消费大众使用过的实际产品的照片"，图纸和插图不合适，因为这些材料暗示产品仅在概念阶段。这个简单的设计策略立刻给设计团队发出两个信号：①"真实"必须是包含在他们探索的概念中的一个主要成分。②对于他们来说，这显然是一个主要的战略概念出发点。

当设计师小组召开首次设计策略讨论会时，那些很有创意的概念和想法迅速迸发出来。这令我感到惊喜，提出的各种可能性使设计小组成员的创造性立刻被激发，从而兴奋起来。这是一个很棒的方法，因为它可以让项目顺利起步。

在项目开始前有一个深思熟虑的设计策略，可为设计工作开始阶段节省大量的时间。事实上，这比首先研发战略节省更多的时间。一些设计师担心在设计任务书研发过程中必须坚持一个商定的设计策略会限制他们发展创意设计理念的能力。如果一个概念突然浮现，但它又不符合任务书中的设计策略该怎么办？如果这个概念是一个真正的"赢家"怎么办？这不一定会成为一个问题。记住，我们有修改设计任务书的一个流程。在设计过程中发现更好的设计策略或概念是没有害处的，关键是这个令人兴奋的概念必须满足项目的业务目标。它还必须是一个解决问题的有效设计，而不仅仅是一个漂亮的艺术品。

商业目标/设计策略的另一个作用是提供一个基准、一个检查点来评估最初的概念，以及评估这些概念的进一步发展。随着概念研发的展开，设计团队能够迅速查阅，以确定它在正确的轨道上运行。多年来，设计师们说，真的不可能用商业条款来衡量平面设计。不，有！你必须不断地问自己，这是最初的设计概念会议所设定的目标吗？如果是，为什么？怎样做？这也提供了每个阶段快速审批的现实标准。它使审批流程完全客观，而不是主观的。它将能消除可怕的评论，如"我不喜欢它！"另外，个人意见不能真正被怀疑。如果一个人说"我不喜欢它"，他或她说的是实话。

从本质上来讲，设计有点主观。正如老话所说，"美存在于旁观者眼中"。导致这个简单事实的几个原因之一，是设计行业多年以来有着很多困难。虽然艺术几乎可以完全主观，但设计不应该如此。那么，我们该如何改变这种设计等同装饰（或艺术）的非常主观的看法？就是禁止使设计徘徊在高度主观的个人感情中的讨论。

在有关讨论设计问题的会议一开始，我习惯于设定一个"标准"。这个标准是房间里包括我在内的任何人都不能用"我想""我相信""我觉得""我喜欢"或者"我不喜欢"这些措辞。试试吧，这其实是非常难做到的事！我想简单地解释这些措辞是很私人的，与业务没有真正的关联。你"喜欢"蓝色，我"喜欢"红色，那又怎样？我们都在说真话，那就是我们的感受，那就是我们"喜欢"的。在这样的讨论会上没有赢家，也没有重大进展。无论如何，客观评论为你富有成效的讨论提供基础（"蓝色是最有效解决这个问题的方法，因为……"或"这个概念不能解决这个特定的问题，因为……"）

每当有人对你说"我不喜欢它"，简单地承认他们真实的感受，然后把讨论从主观的领域返回到目标。"我理解你个人不喜欢它，但这个概念（或颜色、空间、边界等）难道不能解决业务问题吗？"当我做到这一点，我常常发现许多人不能告诉你为什么它不能解决问题。它只是没有满足他们特殊的个人品位。这就需要设计师——设计专业的专家在现场用商业术语来解释为什么一个概念或设计元素能解决问题并满足商业目标。如果你让讨论停留在主观意见领域，我几乎可以保证设计功能将输掉这场争论！

阶　段

任务书的阶段部分作为路线图在整个项目中发挥作用，包括项目范围、时间计划和预算。跟踪项目的方法有很多。一些设计团队或多或少会使用手工的方法，然而另一些会使用各种软件来跟踪项目的细节。一家设计公司开发了一套名为"设计工作流程"（"Workflow by Design"）的系统令我印象深刻。他们的电子跟踪系统已经被许多大公司采用。

无论你采用什么方式，在一天结束的时候，公司都希望能跟踪项目的进度和支出，不仅仅是设计项目。在项目阶段这一部分，设计团队不仅要确定项目的时间和预算是否准时到位，还要确定关键利益相关者不被遗忘。如果在某些点上法律审查是必要的，你已经把它列入计划了吗？什么时候必须把制造业引入这个过程？已经通知他们了吗？这些细节往往被遗忘或推迟到最后一刻，从而导致项目的延迟。

我发现很多关键利益相关者在早期阶段就介入是个好办法。在设计项目的早期阶段，真的没有任何人能够对项目不利。关键利益相关者参与越早越容易有存在感，因此在项目得出结论的后期，越不容易有重大的反对意见。一般来说，设计师们会努力让非设计关键利益相关者置身过程之外，因为当这些人开始真正明白你在忙什么时，他们立即会想要批评你，这是人的本性。另一方面，如果他们从一开始就参与进来，他们是"与"你在一起的。我并不是建议他们去做设计师，我只是提倡不要让每个人直到最后一刻仍处于黑暗之中。让他们看到你在哪里，用清楚的、非主观的、认真的语言小心地解释你在做什么，以及为什么它能有效满足既定的业务目标。人们对于惊喜的反应，一般都不会太好。

你有时还会发现一些真正有用的投入。例如制造业的投入，当然印刷也是一种制造业。我知道的一个例子是设计团队觉得将图像印烫到宣传册封面上是一个完美的解决方案。然而没有预算。通过在过程早期引入印刷商（利益相关者），而不是在准备印刷时才联系他们。设计师团队得知有一种全新的印刷技术，既可提供烫金的外观，又没有增加成本。毕竟只有印刷商知道如何才能达到最好的效果，最终满足业务目标。

在阶段描述中另一个关键部分涉及每个阶段的审批。我们都知道，设计项目要通过看似无休止的审批程序，这多么令人沮丧。其中一个问题是，大多数设计团队都会等到他真正信任的设计方案出现后再递交给各种审批人员。你知道会发生什么，级别较低的审批人要求你做一些细微的修改，你做了。下一个级别的审批人也做同样的事情，你再做一些细微的修改。这可能会出现在好几个层级的审批过程中，每一个级别，都要求你作出改变。不需要太长时间，你的设计方案就变得支离破碎，不再有用。然而，通过在早期阶段让这些低级别的审批人员参与进来，特别是在最初的概念发展和修改阶段，你确实能够减少他们以后的进一步参与。毕竟他们已经批准了之前的部分，关键审批者会在项目结束时作出最终决定。

测　试

最后，我喜欢在很多阶段中加入一些测试。家庭成员中的每个人都认为自己家里的新生儿是这个地球上最美丽的生物。询问一些外部意见是明智的。你和你的设计人员可能因太接近设计项目而不能做到真正的客观。在最初概念阶段我抽样测试目标客户，在选定首选设计方案后，我还会再次抽样测试目标客户。

你怎么才能做到呢？最快和最容易的解决方案是直接走近你的

目标客户——你是为他们做设计的人。一旦有3～4个我们都喜欢的概念，我将致电给销售办公室，询问是否能与某个销售人员相处一个下午的时间。我保证不影响电话销售，只是想与我们的目标客户聊几分钟，在电话结束前向他们展示一些我们的概念。不深入任何细节，我只会简单地请客户对每个概念作出简洁的反馈。针对每个概念他们会作出怎样的反应呢？

事实上，客户喜欢这样做，他们的评论也是非常坦诚的。当然，很多时候设计组的方向是被认可的，但也有些时候客户并不认同某些我们最喜欢的概念，显然我们走错了道。在概念开发和探索阶段早知道总比晚知道要好得多！这个测试方法科学吗？不，绝对不是。但我发现这确实是一个合理、快速、实惠而又足够有效的检查方式。

当设计方案接近完成时，我们稍后会对项目中的目标客户使用更加正式的测试技术。现在我们这种测试的目标是确定是否已经满足了所有业务目标，是否达到设计任务书中所描述的预期成果。

目标客户

在任务书中，目标客户是我会投入一些时间与设计团队讨论的另一个部分。显然，设计师需要千方百计去了解他们正为之服务的人群。内部设计团队可能已经完成过很多次，因此设计人员很可能已经非常熟悉目标客户。事实上，这也是内部设计人员完成项目的业务目标通常比外部机构用时更短的一个原因。但是如果你有一些新进人员或使用一个外部设计机构进行设计，他们不是很熟悉你的目标客户，那么务必在项目开始之前花时间进行这个讨论。

有关目标客户所有的信息对于设计师来说都是至关重要的。这就是为什么我不能忍受在设计任务书中用"女性，18～30岁"或"主管"这样的短语作为对目标客户唯一的描述。在我看来它是不够的。要成为一个战略业务合作伙伴和业务能力的核心组成部分，设计师如果不比公司其他人更了解客户，至少应该和其他人一样。

应用设计任务书的其他部分

我极力反对把设计任务书进行最简化设计，更糟糕的是完全口头化，因为那些必要的参考信息对设计师的设计来说意义变得并不明显。当事件被尽可能完整和详细地写下来，从设计师到非设计方的利益相关者每个人都被涉及时，他们才能步调一致。完整的设计任务书为每个人提供了一个继续讨论和探索真正具有创造性解决方案的通用参照点。如果新的信息或创意理念在积极讨论中出现，那就顺其自然地修改任务书。确保让参与其中的每个人都不仅意识到修改，还意识到修改背后的原因。

一份完整的设计任务书的各个组成部分，应尽可能在力所能及的范围内反映项目的业务需求，使类别的审查，公司的产品投资组合，研究数据以及附件成为参与项目工作的每个设计师的重要参考工具。如果附件变成了丰富的可视样本——通常是照片或资料——在不可避免的早期"发现"过程中，它能成为重要的省时因素。

设计任务书所有的组成部分都应该向创意团队公开、彻底讨论，如果许多团队成员没有参与任务书的实际写作则更应如此。有一个书面文件可为促进创意讨论提供基础和锋利的工具。

这种"完美"的设计任务书增强了创造性过程，成为一种无价的参考工具，并让整个设计过程迅速进行，而且关键利益相关者和创意团队之间没有大量的困惑和争吵。记住，优秀的设计任务书还可以在未来有类似项目出现时作为有价值的档案文件进行修订。

最后，正如我前面所提到的，设计任务书将成为你制作方案审批报告的大纲。我将在第8章详细讨论这个问题。

6 竞争力分析

我前面提到，应该对你主要竞争对手的产品、包装和辅助材料等进行彻底的视觉审查，应该强制要求所有内部设计团队收集和审核这些常规性的材料。外部设计机构通常需要迅速了解新客户的竞争对手（这是我相信内部设计团体通常优于外部设计机构的另一个原因）。如果你要制作一个真正有创意的设计以解决商业问题，那么为了你的设计，你不仅要知道关于目标客户所有你能知道的事，还要知道他们从你的关键竞争对手那里定期接受怎样的视觉传达。

虽然大多数大公司都投入大量的时间、金钱和人力资源在竞争分析上，但他们的竞争分析很少包括视觉设计审查。相反，他们收集了大量有关目标客户的人口统计信息、市场份额、成本和盈利可能性分析、销售数据、市值和无数其他非常重要的商业考查指标 。这一切都很好。公司设计功能需要存取所有的信息。事实上，设计团队需要确保他们实时了解，并研究和分析这些数据。

无论如何，设计功能将永恒不变地进行自身的视觉审查，并分析竞争对手的设计方案。要让设计能清楚地展示企业的附加价值，不仅需要定期执行这些视觉审计和分析，而且还需要共享整个组织活动的结果。

最常见的方法

这个过程中最常见的方法是收集你能从竞争对手中找到的一切，然后把你公司的视觉素材或产品与之整合。你应该清楚市场上哪个竞争对手确实做得很优秀，为何那么优秀？是定价、估值、典雅、实用性还是所有这些因素——又或是其他因素？更重要的是，这些竞争对手如何运用设计来增加他们的竞争优势？什么设计元素他们运用得很好？他们的弱点又在哪里？

在销售时，我们曾经有一个大房间（我们称之为作战室），在那里我们可以将所有有价值的资料钉在墙上。我们仅和设计人员进行设计审核，然后邀请销售、市场和所有关键利益相关者的代表加入对视觉审查结果的讨论。对许多利益相关者来说，这是一个新的体验。他们中的大部分人承认他们从未真正将设计作为竞争优势元素进行深入思考。对他们来说，似乎因设计过于主观而没有真正重视它。

我们邀请那些利益相关者参加会议，是把他们的观察变为我们自己的观察。我们对目标客户的任何反馈都特别感兴趣，他们可以给我们提供与竞争对手相关的视觉表现和沟通交流。在开发一个项目概念之前，我想要设计团队知道竞争中的每一种可能。在视觉竞争中这真是有效区分我们公司产品或服务的必备品吗？这种类型的讨论对设计团队总是非常有用的，而且又一次帮助他们在以后的设计过程中节省宝贵的时间。设计师们现在是真正的专家，他们对于市场中发生的事情了如指掌，而在现今市场中这通常显得很混乱。我还特意收集了来自不同国家、地区及地理环境的重要竞争者的不同设计样本，这对我们针对全球用户进行设计尤其重要。在过去几年里，对主要竞争对手的视觉审查中，有一个关键要素越来越重要，那就是它们的网站。

这种设计的战略思维深刻影响其他非设计学科的合作伙伴，虽然我们的营销和销售合作伙伴拥有杰出的市场知识，了解用户的人口统计资料、定价、分配技术等其他知识，但能为有竞争力的产品提供支持的各种设计元素和技术不在他们的专业知识范畴内。设计功能显然证明我们可以带来一个独特的战略附加值。在业务中，这有助于设计功能进一步成为一个有价值的、核心的战略能力。

在我的职业生涯中，有一次我遇到一个客户，他坚持竞争分析并不重要。公司的首席执行官认为他的公司是市场领导者，因此，每个人都应该尝试复制他们。他的解释是："时间和金钱不应该浪费在学习竞争对手上！让他们学习我们。"我简直不能同意这种观点，对我来说这似乎有点傲慢。我劝你对主要竞争对手进行常规的视觉审计和设计分析。你不需要等待一个特定的设计项目来开始这项工作，它应该持续进行。

在我的顾问生涯中与许多执行总裁有过会面。我一直惊讶于竟有那么多人真的相信他们现有的客户是完全忠诚于他们的。这些执行总裁们告诉我，他们忠诚的客户甚至不会考虑购买竞争对手的产品。然而当我走出去采访目标客户时，事实上客户告诉我他们非常满意某一公司的产品或服务，如果有更有趣、更吸引人或更好的产品出现，他们将很乐意试一试。大多数企业的目标客户经常是变化无常的。我主张要意识到你的客户在市场上看到什么，而你的竞争对手是如何以视觉和口头的形式展现他们的，这是必须在创意设计流程之前完全弄清楚的关键部分。因此，一个全面的、可视化的、竞争性的分析对流程是至关重要的。

配置具有竞争力的材料

所以你如何获得全部竞争材料来进行审议和分析？这是一个非常艰苦和昂贵的过程。这就是为什么我建议收集竞争材料需要持续进行。最好、最便宜、最快的方法是确保设计团队成员参加所有主要行业展会。事实上，我认为在企业中，设计团队成员应该优先参加行业展会。试想一下，还有什么地方能像在展会上一样，你进入一个大房间，手持一个免费的塑料袋漫步于此，收到从每个主要参与者那里发出的印刷资料。当你的袋子装满时，他们甚至会给你另一个免费的塑料袋！

在一天之内——可能只需要半天——设计者便可获得所有与关键竞争对手相关的最新印刷文献。如此多的情报如果要从其他渠道搜集，可能会用一年或更长时间。许多贸易展运营商也允许与会者在展览大厅拍照。当拍照被允许时，设计者可以选择（除了印刷文献）他们想用胶片或数码记录的项目。这可能包括展览会展台本身、产品等。一个聪明的人还可以做一点窃听工作，窃听场地内潜在顾客在参观竞争对手的展台时相互交谈的内容。

这种做法既没有违法，也没有不专业、不道德。如果你支付了入场费，你就有权参观所有的展品，尽管你可能会被要求佩戴某种徽章以便竞争对手识别。在大多数情况下，你的竞争对手可能不愿过度与你合作，但他们不能阻止你环顾四周并将此记录下来。对设计竞争分析来说，展会绝对是一个视觉金矿。

　　竞争材料的另一个好来源是公司的销售团队成员。因为他们每天直接接触客户，假设他们与客户关系良好，那么他们能经常从客户那里得到有价值的资料。他们只需要知道你的需求，当然还有你为什么需要它。这也是一种设计人员与销售人员之间建立联系的新方法。你会感谢公司中的每一个盟友，如果你正在设计一个面向全球的产品，请不同地区或国家的经理向你提供来自你竞争对手所在地域内的有价值的资料或产品图片。

　　当你对竞争对手的资料进行视觉审查时，记好笔记并描绘所有突出的设计元素，这些很可能会出现在结尾的附录中。具体的设计细节可能与非设计利益相关者不相关，但它们对你的设计人员至关重要。

　　不管你决定如何整合竞争信息，你的设计任务书必须包括这部分的流程。如果你还没有收集到信息，为了实际的视觉审查挤出时间，安排好预算去收集信息，这一活动应当在任务书的阶段有完整的描述。

7 建立设计信誉与信任

此刻我想暂停一下，提出一个我确信在每位读者心中都存在的问题。"到目前为止，你所说的听起来都不错，但在我的公司（或我的客户/合作伙伴的公司）设计团队并不被视为平等的合作伙伴，也不被视为领导小组。另外，从来就没有人给我们足够的时间来做所有这一切，那么我们该怎么样建立这个新流程？"

没错，设计一直是传统商业认知中一种无可避免之灾。企业知道他们需要一个设计师的素养和技能，但他们通常希望事实并非如此。在我"管理设计的战略优势"DMI研讨会上，我要求每个参与者准备两张幻灯片与他人分享。第一张幻灯片我要求他们提供一个单词列表，用于描述他们怎么看待作为设计师或设计经理的自己。第二张要求他们做同样的事情，但这一次他们必须描述他们认为公司的其他管理人员如何看待他们。我同样要求他们每张幻灯片的内容必须包含图片，结果是如此迷人！我经常想如果能保存所有这些演示文稿就好了，它们可以编辑成一本精彩的短篇著作。

除了极少数的情况，通常第一张幻灯片包括诸如"创意"、"奇迹创造者"、"天才"、"快"、"劳累过度"、"收入过低"、"不被欣赏"和"救命稻草"等词语。还有在传统上被认为是有很多触手的章鱼的图片——是被压迫的、疲惫的天才。

第二张幻灯片总是包含如"困难"、"慢"、"善意的"和广受欢迎的"必要之恶"等词组。

让我感兴趣的是在五年多的时间里，我一直在和学生练习制作两张幻灯片。从来没有人说："我只做了一张幻灯片，因为我觉得别人和我对自己的看法一样。"一个勇敢的学生的第二张幻灯片是空白的。她只是简单地说："我不认为管理人员真的对我或我做了什么有任何看法！"

但是，学生的报告总是脱节的。"我很优秀，我为公司创造奇迹，但从未被赏识。公司认为我是一个必要的资源，然而他们不会听我的建议，给我足够的时间或资金，也永远不会尽早让我参与项目。"发生了什么事？为什么设计师们觉得如此不被理解？为什么他们不能在早期参与项目？为什么他们的意见不被重视？一直以来，设计师被视为没有信誉的商业人士，因此在关键业务决策时他们不被信任。

我记得一个人在一次研讨会上表现得很生动。这个年轻人描述他如何把特色、趣味、刺激和效用添加到他的每一个印刷项目中。他接着说，他的工作为公司的成就作出了巨大贡献。他告诉组员他是"美食家"，并使用紫苏（用于调味）的图片作为象征。在第二张幻灯片中，他表明非设计管理人员觉得与他合作很困难，完成工作不够迅速，不愿意倾听，但又认同他的设计方案是很优秀的。伴随第二张西芹的图片，他最后评论到："他们认为我是装饰性的，像西芹一样被摆在餐盘边，但我不是主食的重要组成部分！"我真的很喜欢他的演讲，因为他用幽默和创意的方式总结了我一直听到的那些话，"我知道我很好，但没人真正欣赏我"。

正如我在第1章中提到的，对于这种脱节"他们"没有错，错的是"我们"。如果在我们如何看待自己和我们知道别人如何看待自己之间有一个重要差别，就是我们没有进行有效沟通，这就是我们变化的动力。这可能会需要一些时间，你不能在星期一早上走进办公室时说："我在这个周末读了这本书，现在我们必须改变制作设计任务书的方式。现在我和你是平等的，我将会在过程中对伙伴和合伙人负责。这将会很完美！"没有人相信你会在经过一个周末后有如此神奇的变化。相反，这需要时间，你需要在与他人共事的方式上有巨大的改变，才能从其他人那里赢得足够多的信誉和信任，让你被视为平等的伙伴和设计任务书制作过程中的真正共有者。你将不得不努力工作来挣得这一席之地。好消息是这是能做到的——而且很多人都做到了。

模　式

似乎每一位步入职业生涯，在专题研讨会上教"如何做"的人，都创造了一种模式来说明关键问题，这也是我所做的。我发现对于想在企业界提高设计和设计功能洞察力的设计师和设计经理来说，以下是对过程有效的视觉引导。

你提供的价值

你提供的价值是最关键的——因此在我的模式里也是第一步。如果你不明白为什么你是有价值的，或为什么设计是有价值的，那再也没有人会明白。相信我们中的许多人都知道为什么我们是有价值的，但知道它和有效沟通是两个完全不同的概念。我急于想多说一句：我们认为让我们有价值的，别人并不一定也认为真正有价值。在前面提到的两张幻灯片的练习中，人们在第一张幻灯片中所列的事物通常不是非设计的企业经理，特别是高管所要期望的。从第一张幻灯片中我看到的仅仅是高管对每个员工的期望。做一个按时完成工作的员工，在很短的时间内把工作成果交给他们，预算也控制在预期内。还要有创意？当然，这就是他们聘请你的初衷！能够同时处理多个项目？他们每天都在做这样的事情。高管的期望不胜枚举。

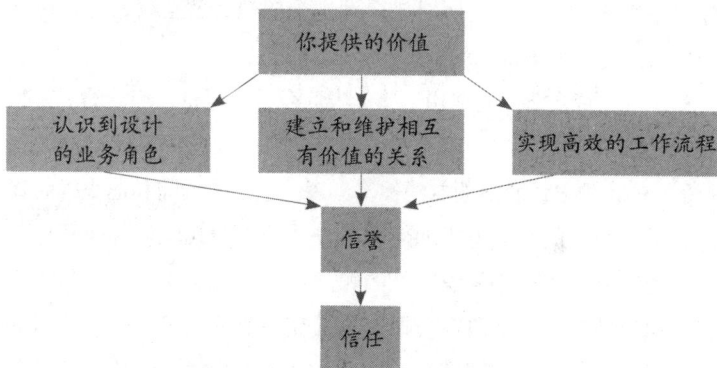

设计师们倾向于每天列出他们要用的"战术"。在列表上我很少看到任何长远的"战略"。要真正有价值，在这个过程中作为一个平等的合作伙伴、一个核心，在战略业务能力上设计和设计师必须学会运用业务语言，把他们所做的事和业务成果联系起来。如果你想成为合伙人，在设计任务书制作过程中成为平等伙伴，你必须沟通并展示清楚你以设计效果的战略性思维去解决商业问题的方法。如果你的焦点完全集中在美学策略上，你将永远不会被视为一个完全的伙伴，而仅是"装潢师"、"艺术服务者"。不是说美学策略不能在业务结束时起重要作用，只是它们不能成为你讨论的全部内容。

当我说"你提供的价值"，"你"指的是谁？在这个模式的背景中有两个人。一个是在进程中作为平等的合作伙伴的个体——你自己；另一个是作为整体的设计功能——集体的你。你想让设计功能有价值，并作为整个组织的关键组成部分得到尊重，也希望自己作为设计过程中的管理者被尊重和信任。

矛盾的领导：与约翰·泰森的旅行

我有一个好朋友约翰·泰森，我对他尊重和钦佩不已。约翰是一名训练有素的工业设计师。他大约一年前退休，在那之前一直是北电网络公司设计团队的副总裁（原北方电信）。是的，你没读错——副总裁！很少有设计经理能成为大公司的副总裁，但约翰·泰森做到了。他之所以能得到这个职位，就是因为他明白如何有效沟通以展示设计的价值。

在阿耳特弥斯·麦奇10年前（当然今天与那时是相关的）写给《设计管理杂志》的一篇文章《矛盾的领导：与约翰·泰森的旅行》[①]中，她采访我的朋友约翰·泰森，引用了约翰和他小组的其他成员在当时的北方电讯如何改造设计功能的几段话。阿耳特弥斯·麦奇是一个促进组织转型的顾问和教育家。她为大学和商业客户执导数十个实地研究公司，包括克莱斯勒汽车公司、美国电话电报公司、美国国际商用机器公司和强生公司。阿耳特弥斯文章中引用的与我讨论的设计探索和传播价值密切相关，所以在此我将摘录她文章的一部分。

矛盾的领导：与约翰·泰森的旅行

北方电讯的高层管理人员得出结论，在贝尔北方研究所（BNR）和其研发子公司中，设计的效率非常低，如果北方电讯要获得数字通信行业领导地位，工业设计的功能需要重新设计。约翰·泰森想知道，北方电讯的传播集团的市场开发副总裁是否愿意接受这一挑战。首席执行官告诉他："我想与你的老团队做一些事——一些大事。"泰森的第一反应是："这可能不够大。"

泰森的"老团队"被称为"设计诠释者"，是他于1973年创建的内部设计团队，那时他以公司第一个工业设计师的身份加入北方电讯已有几年时间了。但他于1983年选择不再从事设计工作。他解释说："我厌倦了谈论设计和推动，我决定去另一边拉动下。另一方不重视设计，主要是因为设计的价值是隐形的。"

泰森对CEO的"试探"反应时，是最佳状态的泰森。在早期就加入泰森的"设计诠释者"团队（现在的"公司设计团队"由此发展而来），目前任"公司设计团队"主管的彼得·崔斯勒回忆说，泰森当时充分展现出的信心和自由精神就像现在一样：

约翰刚加入公司时，他们无法为他分类，所以他们给他贴上绘图员的标签。他说，"把那个标签拿掉，或为你自己另找一个设计师。你不明白我的价值在哪里"。他会召集总裁开会，而且不觉得这有什么不妥。因为他关心的是这次会议的价值，而不是层级关系……他反对冒险，他喜欢挑战。他总是以非常有趣的方式来迎接事件。他一直都是这样表里如一，这正是这个公司所珍视的品质。我认为这很好地说明了像这样一个人是受欢迎和被尊重的，而不是被排挤和唾弃的。当出现一个危机，或需要新鲜想法，或出现挑战时，我认为很多人开始想知道，泰森目前怎么样了？

现在，正如你所看到的，约翰·泰森不是羞怯的、无用的设计经理。约翰非常明白他所起的重要作用。成功的第一步是可以清楚地沟通、交流设计的价值。本文的另一部分将详细说明约翰·泰森是怎样在北方电讯得到改造设计的任务的。

在返回"设计诠释者"后的3个月，泰森和他的高管通过6个步骤"重置"设计功能。泰森描述这个过程像一段旅程，"一步接着一步"。第一步决定以卓越中心的标准来改造设计功能。一旦决定了，该小组明白它必须制订有意义的策略。接下来，改变它的资金结构。第四步是为项目制订计划，反过来又推动了新的组织结构和流程。最后一步团队归类为"布丁"——正如设计的成败像吃布丁那样证明"事实胜于雄辩"。

在团队的词典中，最常用的单词之一是"价值"。公司设计组的人正持续不断地思考它的意义，以及如何将它转化为产品：它的价值是什么？用户的价值是什么？我们的价值是什么？我们如何创造价值？他们还谈到了许多责任，以及他们如何在一起工作的意义。这个持续进行的对话是围绕核心概念被重置、进化、产生和培育的。核心概念即是设计，是卓越中心。

尽管这个概念不能用一个精确的机械方式来固定，泰森的隐喻表明卓越中心的出现来自动态的，有时是辩证的责任、价值和领导力整体集合的过程。他解释说，"如果你是卓越中心，你就应该负责"。责任意味着"我们要为对公司有贡献的价值负责"。

当泰森描述承担责任对于让渡价值的真正含义时，很明显他是站在矛盾或辩证角度思考的领导者。在"争论责任就是争论谁是控制者"这一观点时他说，"想要控制它，你必须先放弃它。当我们放弃它，我们的合作伙伴会产生价值，我们投资在合作伙伴身上"。他指出，"大多数人看似自身产生了价值，但你做的这些工作产生的价值其实赋予了你的合作伙伴、用户或选择这种产品的人"。

卓越中心概念是"公司设计团队"的新政策声明中着重强调的。与大多数繁杂的政策相比，泰森和他的领导们想要的是既简洁又能捕捉到新组织精神的策略。在宣布重置那天，一份精心制作的单页政策声明递交给了小组成员。由最高管理层签署的这份政策，验证了"公司设计团队"作为企业卓越中心的地位。他们负责推进卓越设计，持续为北方电讯公司的所有产品进行研发。这认可了设计团队在新产品介绍过程中所有"关卡评价"的结果性权威，并与其伙伴一样，在产品营销和开发中致力于"新产品定义化、概念化、规范化和最终设计"。

泰森和他的领导们精心制作了一个政策声明，专注于"公司设计团队"能给予公司什么。设计本身对"领导层关注"和"战略驱动力"为了"有效地贡献……给世界工业的领导阶层"传递"卓越的客户价值和产品的连续性"负责。这里没有突发事件，没有逃跑的机会。泰森将文件描述为"一张简单的让你能展露拳脚的许可证"。这张许可证还描述了"今天的我与昨天的我不同。现在我拥有这些，会为此负责"。　这就是为什么我们必须改变团队的名称（从"设计诠释者"到"公司设计团队"）。虽然过去他将这个设计团队命名为"设计诠释者"，他解释说："很明显，名称在这一旅程中必须改变，所以有了另外的名称……真正重要的是蜕变。"

摘录自《设计管理杂志》，作者：阿尔特弥斯·麦奇

我想从阿耳特弥斯·麦奇的文章中将有关约翰·泰森的摘录引入，因为它描述了一个设计经理如何就设计的价值这一问题与他的公司成功交流的。每个设计团队都需要开发自己的计划以"重置"组织内部对设计价值的看法。这是艰苦的工作，但值得为此付出努力。

开始前的一个练习

有一个练习，对你接触到业务的核心价值很有帮助——你可以单独决定增加业务价值，也可以与你的设计人员做同样的练习，想出一个对于任何企业都能把设计作为函数附加值的方法。无论用哪种方法，这种技术都可行。

列出你能想到的个人或设计功能为业务增值的任何理由，把每一件留在你脑海中的事都写下来。不要在这个时候担心措辞是否优雅，或是否有关联性。如果它在脑海中，那么就写下它。很有可能你会创建一个相当长的无序的列表，那总是可喜的。我发现人们看到长的列表只会产生一种想法："哇，看看我们多么好地完成了所有素材！"先把列表暂时放到一边，也许一到两天。然后再拿出来，通过项目中的列表栏检验。问问你自己，每个项目"是否是真实的？真的与非设计经营者相关吗？他们真的在意

吗？"如果答案是"不"，那么就把这个项目划掉。我和我的团队曾数百次做此练习。让我给你一些极端的（便于说明问题）必须从列表中删除的有关项目例子："我真的是排版专家"、"我能记住很多项目的很多细节"、"我很友好，在工作中很容易相处"、"我能高效使用剩余空间"。在某种程度上，所有这些都是好事，但对业务毫无意义。

我想让你放下一切你头脑中的事情，因为当你把这些确实不相关的项目划掉时，你的大脑对每天见到事物会有一个直观的记录，而大多数非设计人员对它们的反应确实不好。

当你的原始列表上许多项目随时间蒸发之后，到了令人激动的时刻，最终你会得到一个比你预期短得多的列表。

接下来，再次回到列表上。而这次不要只是简单地记录你脑中的一切，关注非设计人员认为是真正附加值的项目，同时更加注意你用来描述每个项目的词汇。这一步要比第一次的列表花费更多的时间，但结果应该同样令人振奋。列表将会更短，但内容会有关于设计如何给业务带来附加值的丰富的信息。思维总在商业条款而非美学条款中。设计能为商业做这件事吗？

在第二次列表中，我看到一些相当强的项目包含："我们缩短了销售周期。""在混乱的市场中，我们公司的产品或服务在视觉上与其他区分开来。""我们制造了一个强有力的竞争优势。""我们通过直观视觉手段阐明公司的商业战略。"

这些材料将让非设计的高级业务经理刮目相看。我看到一个相当引人注目（也是非对话式）的声明："我们负责执行被董事会和股东批准的公司总体业务战略的视觉表达。"对我来说，这听起来不像一个简单的装饰服务，而更像是由战略商业团体发表的声明，而这恰恰是你想要的结果。

一旦你发现什么是你的真正附加值，就会开始把这些想法融入你所做的一切。一些如约翰·泰森描述的组织，实际上是从练习中开发"设计理念"。你应该在备忘录、简报、会议、日常会话和设计任务书中使用这些强有力的战略业务理念。

你会经常有机会遇见公司里不认识你的人，他们会不可避免地问你是做什么的。我试着在课堂上问学生，设计师们做什么。通常从他们嘴里说出的第一个单词总是："嗯？"紧随其后会说，"我做包装（或其他）设计工作。"然后他们无话可说，不知道到哪里找这个问题的答案。做完这个练习之后，你应该有一个植入脑中的坚定的思想引起提问者的关注。在心底深处，你想要的是让他们意识到设计对业务的重要性，你想要他们说："我原来不知道，我还以为你们只是艺术家。我们应该有更多的交流！"

很多人力资源专家把技术描述为"两分钟的训练"。他们认为在面试时，前两分钟对于面试结果至关重要。你必须能够用简洁和引人注目的方式交流，这就是你必须提供的独一无二的方式。花时间来确定你作为设计专业人员提供的真正附加值，你也可以在两分钟或更少的时间内学会交流价值。这需要一些练习，但这是改变企业界对设计认知的重要组成部分。

要在商业世界里真正有价值，你必须知道你的价值是什么（而我们所有人都是有价值的）！你必须能够用清楚和简单的业务术语立即把这些表达清楚。如果你真的不是很清楚为什么你是有价值的人，那么也没人想得到你。在进一步完成模式之前做这个练习，它为设计成员会议制造了美妙的项目议程。你团队中的每个人需要对你的附加值有相同的理解。这同时也痛击了像地狱一样沉闷的，每个设计师都要给出一个无休止的状况报告列表的员工会议。

一位设计管理者的主动权

我为一个小组的平面设计经理召开了一次研讨会，这次研讨会主要解决我刚刚写的事情。参与者之一提到他的团队建立了一个传统，每个假日里团队每个设计人员必须选一个主题做一个原创艺术海报。如在圣诞节期间，雪人这一主题将被选中。每个设计师针对这一主题创造一件艺术作品，然后展示在他们办公室外的公告栏内。这位先生说，所有的员工都乐于欣赏成员们的各种创造性成果。

当然，这个小组的做法不知不觉地加强了设计团队只是由创作有趣图像的聪明艺术家组成的想法。研讨会结束后，我收到一封来自这位经理的邮件，他这样写道：

在这个研讨会上我发现很多有用的信息，我开始着手运用这些信息。我召集我的工作人员，按照你的建议向他们作了简要介绍。我们决定做的事情之一是去掉贴在墙上的"艺术的自我表现"海报，用我们最优秀项目的实例框架取而代之，并以确定的业务目标和我们如何用设计完成了业务目标作简短的标识。接下来，我们将设计一面大的布景墙，仅用描述我们关键词的新标语排版："公司设计团队相信好设计创造好效益。设计合作伙伴+业务目标+设计策略=最佳的业务成果。"我们还将展示我们获得的一些有意义的奖项和一些我们前前后后的工作，所有框架都配有注解。

显然，那封邮件证明了我是对的！那位设计经理之后说，公司员工的激情被那面布景墙点燃。这个小组对设计作为核心战略业务能力价值的沟通走出了非常积极的一步。他们以一个高度可见的战略方式去做这件事。

认识设计的商业角色

"认识设计的商业角色"也可以换个说法，即"设计在商业中的角色"。不管你用什么方式说，每一个设计师或管理设计项目的设计经理必须明白如何让设计为业务增值。记住，设计是一门解决问题的学科。如果你的设计活动是支持某类业务，而通过设计能解决问题，那么这将是一个业务问题。在何种程度，以何种方式，设计能有助于解决业务问题？答案是："比大多数人认为的方式更多！"

我有一个非常亲密的朋友和同事，他在考虑了所有情况后非常坦率地告诉我，设计在解决实际业务问题上真的起不到多少作用。我的朋友是位出色的业务战略专家，尤其在金融领域。他坚持认为设计只是作为交通工具或提供环境，在用以包含公司的产品、服务等有关信息方面是必要的。他的观点不仅是人们的普遍想法，也是企业界的普遍想法。当然，有些公司的成功完全取决于设计，例如我前面提到的贺卡公司。这些设计导向型企业往往对设计有内置的欣赏与尊重，但这只是例外。

设计行业有职责去改变这种看法。坦率地说，多年来我们这个工作做得很差劲。为了与多方清楚地交流设计的作用及价值，首先，我们必须了解设计在商业中的作用。

这就是你的公司（或与你合作的客户公司）正面临的业务问题吗？扪心自问："是什么让执行总裁们夜不能寐？让他们最伤脑筋的业务问题是什么？"之后再问问自己："什么方式可以在解决这个问题的过程中使设计角色有效地发挥作用？"

让我举一个例子来说明这点。这个例子是真实的，但我不得不应公司要求再次有所隐瞒。（记住：所有公司都不喜欢在公共场合暴露他们的不足）

一个消费电子公司的例子

哈利是某公司的一名设计主管，该公司主要生产低成本消费电子产品，例如电视机、录像机、收音机等。哈利的团队由工业设计师、包装设计师和平面设计师组成，负责公司所有的附属印刷品。尽管公司位于亚洲，而他们最大的市场在北美。

公司慢慢建立起专注于低端产品的巨大市场份额。他们的产品在那一类产品中是最便宜的，主要通过如凯马特和沃尔玛这样的大众市场折扣店销售。虽然产品价格低廉，但他们以非常令人满意的方式在运作。

但是世界在改变。由于生产和销售成本增加，进出口关税同时也增加，这就需要更高的利润来满足股东的需求，不可能再以传统上非常低的价格提供给消费者。高级管理层面临的困境是改变消费者观念，确保新的更高的零售价格可以被目标受众接受。

首席执行官面临来自董事会的强大压力：不仅要保持盈利，而且还要保持市场份额。

高级管理层举行无数次的高层会议，试图制订一项战略，以便在市场上有效地重新定位品牌。他们聘请了一个知名的管理咨询公司，帮助他们开发一个战略计划。

哈利作为公司设计活动的负责人，知道公司的困境，也知道高层正在召开此会议，但他未被邀请参加。他焦急地等待结果，这样他才可以确定新的战略及定位将如何影响公司的设计。

不幸的是，这是一个很常见的场景：设计师从商业策略中分离出来，等待别人告诉他们商业策略是什么，这样他们才可以有适当的反应。在这种情况下，哈利应该是主动的。如果他清楚设计在这个商业危机中的角色，并能清楚地用业务术语向执行总裁阐明这一角色，那么他可能会被邀请参加会议，成为战略解决方案的成员，而不是一个事后服务的提供者。

当然，让设计在业务问题的解决中起作用有无数的方法，这个问题呼吁重新审视产品本身的设计，当然还有包装及品牌（和销售）附属品。设计师应该清楚，所有都必须重新设计，在降低成本的同时不牺牲潜在的利润和市场份额。我采访了哈利，他告诉我他缺乏业务知识，又没参加过相关的业务培训，所以不能参与高层会议。他是一个设计师和设计经理，不是金融奇才！是的，你不必成为金融奇才或有工商管理硕士学位才能理解设计在这种问题中的作用。永远不可能仅凭设计解决整个问题。对于进出口关税的提高，设计能做的事很少；对于员工工资福利和制作工厂收益的成本增长设计能做的事也很少。但设计可以通过指定不同的材料，为原材料成本减少做一些事，设计也可以减少一些包装和印刷材料的成本，还可以用更有效和积极的方式在向目标群体展示公司品牌中起到重要作用。

哈利太关心设计的美学管理，而对业务的困难问题关心不够。作为大型设计机构的一名经理，他有责任主动带着设计参加会议。

如果你依然认为设计不是业务的重要组成部分，试试这个练习：得到一个公司的组织结构图，不要在意图表中成员的名字，关注各项功能。为每一个功能列出所有使用设计的方法，不管你是否负责设计。规则是你不能跳过图表上任何一个功能。你会发现设计对每个业务的每一项功能都起着非常重要的作用。每个功能都如此！如果这都不足以展示设计在任何业务中的作用，我不知道还有什么能够做到这一点。

有人认为业务中的功能不需要设计。以仓库为例，仓库有标志吗？员工穿制服吗？需要各种表格和文件来跟踪材料在仓库中的进出吗？难道这些不是都进行过设计吗？员工的伙食服务怎么样？他们有菜单吗？公司的品牌印在餐巾和托盘上了吗？我想你已经明白了。设计在各种业务的方方面面都起着重要作用，没有设计企业就不能生存或运行。让我再一次说清楚，我并不是主张每一个设计团队所做的设计对每个业务功能都是至关重要的，我提倡设计功能被看作设计的专家，因此设计功能应该成为设计的战略经营中心。

我在公司的职业生涯中经常打电话给特定职务的管理者，向他们介绍我自己，并希望有机会能够参加他们的员工会议，以便解释设计在他们业务中扮演的角色。通常，他们甚至没有意识到他们需要按常规设计，他们从未用那种方式来看待设计。在员工会议上，也许我会用10或15分钟来谈设计如何在他们的工作中起作用，如果他们正在进行的设计有问题，我愿成为他们的顾问。例如帮食品服务公司找到一个好的资源，将他们公司的标志得体地印于餐巾纸上。我不做这项工作，只是通过其他资源帮他们将工作做好、做对。这一实践完成了几件事情：

- 它使许多人明白，设计在他们的日常生活中发挥了作用。
- 它给了我公司设计功能广泛的知名度。
- 它将我的设计功能作为技术中心。
- 它能够在第一时间了解每个功能最关心的业务问题是什么。
- 我能够在公司发展盟友——如果你愿意，有益的互助关系总能为未来项目的设计功能的需要和利益服务。例如，它可使设计任务书中列出所有利益相关者的过程更容易。我在慢慢变成交通顾问，而不只是一名出租车司机。

有益的互助关系

在整个企业中建立有益的互助关系、对设计功能来说是成为战略伙伴的关键，对设计经理也是，然而设计功能也是我遇到的最容易被忽视的方面。设计师和设计经理似乎很难在业务中主动伸出手去。我给你另一个真实的（之前提到过，尽管有些隐瞒）例子。

一个重要的全球性高科技公司在市场中保持竞争力，一直处于行业领先地位，它收购了一个小公司，以创建一个新部门，提供一些创新产品。作为购买协议的一部分，小公司的创始人（董事长）成为新部门的总裁，并获得在部门运行管理中享有高度自治权的承诺。他是一位才华横溢的工程师和业务管理者，他知道只有一年的时间来创造利润，否则他将会被替代。

这个新部门主管找到在一家小设计单位工作的大学同学，并委托他开发部门的标志，包括产品商标、包装和一些通信辅助宣传材料。这个设计主管的控股公司直到项目完成才知道这项工作的开展。这个新的部门完全没有运用与母公司房屋风格有关的材料，坦率地说，这是个平庸设计的典型范例。

母公司的设计经理会见了他的老板，抱怨不能接受新部门的材料，而且他的设计团队应该从一开始就参与。老板作了耐心解释，新部门主管必须快速完成工作，他有高度的自治权，我们没有时间和预算再重新去做这项工作了。母公司的老板建议，直接放弃这个项目吧。

到底哪里出了错?

首先，这几乎成为家常便饭。公司之间的合并、收购、伙伴关系和联盟几乎每天都在发生。尤其是收购和合并，最终必须有一个或多个混合设计功能。两个或多个公司房子的风格可能完全不同。不可避免的是，设计在每个公司所扮演的角色大相径庭。

回到我们的例子中，一个非常聪明的人创办了一家小公司，让它成长并成为理想的收购目标。现在著名的"提供你不能拒绝的"目标已经制订，创始人发现他的公司已经有更大规模。同时他也在交易中赚了很多钱，而且至少他自己的产品线在他的"掌管"之下。他想在不放弃一切的情况下，把自己的"标志"贴到部门里，最简单的方法是形象化（读者中有没有谁曾遇到过某一个大公司的部门主管找上门来希望还原自己部门材料至"原样"的呢）。

感觉到公司的房子风格要强加在他身上，他很快联系了作为设计师的大学时的密友，让他开发一整套的材料。他也意识到一旦这些材料生产，母公司很可能会让他保留这些材料的生产。毕竟他们刚刚花了大量的钱来获得他的产品线，当然他们想得到快速的投资回报。母公司也很有可能不会给他一些新的标志和在销售材料上为难他。

在这个例子中，设计经理应该做的事情是一旦他被任命，他就需要致电新的部门主管，介绍他自己，然后安排一个介绍性的会议。相反，他一直等到新部门领导引进不合理的设计材料，而这些材料（根据房子样式规格）也不是很得体。设计经理错过了一个绝佳的与新部门主管建立互利价值关系的机会。当设计经理在面对非设计执行高管才感觉到"设计危机"时，他们会被视为一枚"警察徽章"。被视为警察徽章是非常危险的，这当然对你成为平等的战略业务伙伴毫无帮助。

如果设计经理积极主动，在刚开始的时候与新的部门主管会谈，这将更容易以非威胁性和非对抗性的方式去发展一个完全的战略业务合作伙伴关系。设计经理不应该拿着一份企业设计规范，别着像餐盘一样的警察徽章来参加这次启动会议。相反，设计经理应像一个盟友般接近新部门主管——一个在过渡时期使用视觉元素提供帮助的伙伴，一个愿意先倾听的盟友，然后提出怎样协助部门主管在会议上达到他们业务目标的创造性建议。这将成为真正有益的互助关系。

当讨论在商业中建立设计角色的方法时，我建议使用组织结构图的技术来确定公司的每一个功能，然后确定如何让每个功能依赖设计。之后用员工会议展示你的每个设计功能，解释每个设计功能如何让伙伴和员工尊重具体的设计需求。真正意义上来说，这也是开发整个公司互利价值关系的最好方法。因为当你访问每一组时，与小组中的一个或多个个体发展关系，而他们以后都可能会成为设计真正的支持者。

如前所述，在我公司的职业生涯中，最强大的联盟之一是我与法律部门的联盟。看起来我们今天所做的一切设计都有一个法律的视角。难道与法律部门的互利价值关系不比面对令人畏惧的法律部门审查更好吗？

发展强大和健康的关系是一项艰苦的工作，这需要时间。它需要机智、倾听技能以及真正关心你合作伙伴需求的能力——不仅仅是你的需求。最重要的是它意味着一个设计经理想成为一个战略业务伙伴被尊重和信任，并成为一个重要的企业资产，而不是"必要之恶"。这必须主动采取行动，花时间开发这些类型的关系。如果在整个组织中没有互利的价值关系，那么你永远成不了真正的核心战略合作伙伴，你将仍然是一个服务提供者。

实施高效工作流程

注意这个标题的措辞："与……工作"，这与"为……工作"是迥异的。记得我的出租车司机的比喻：我们讨论的是战略合作伙伴关系，而不是简单地提供服务。不是开着车，告诉你的"客户"你会把他们带到他们想去的地方，你必须成为一个交通顾问，针对他们到达目的地的需求、时间和预算等条件，为他们提供最好的建议。

与人一起工作和为他们工作是非常不同的。通常设计师和设计经理真的相信他们自己是服务提供者，而不是战略业务伙伴。相信我，如果在你的脑海中你认为自己是一个服务提供者，那别人同样也会这样认为。除了你认为自己是服务提供者，如果表现得像服务提供者，那你和设计功能会永远在企业环境中扮演这样的角色。

几乎每一个与我交谈过的设计经理都曾经无休止地使用"客户"这个术语，让我们来改正这种说法。他们是合作伙伴，而不是客户（或消费者）。在我的职业生涯中，我作了一次努力，从来不会有意识地将与我一起工作的人当作客户、顾客或下属，我的员工都是我的合伙人。我们在设计项目中一起工作的人就是伙伴。

到目前为止，我们已经介绍过的模式中的所有内容使改变成为可能。我们已经学会理解和用业务术语清楚表明设计对企业的真正价值。我们所做的练习使得我们完全明白和理解了设计在商业中的作用，不是作为装饰，而是商业策略核心的直观视觉表现。我们在公司中积极寻找利益相关者并发展与他们相互支持的价值关系。现在是时候成为一个真正的合作伙伴，而不是成为一个仆人。

学会与人合作，成为一个有效的合作者和同事对一些人来说很容易，但是对更多的人来说是非常困难的。它需要对你的专业技能、知识有与生俱来的信任，并能增加业务价值。不幸的是，我们从不会在设计学校学到这些东西，我们学会如何成为设计专家，而不是如何信任业务同事。看看哪些人在这方面做得好，律师、医生、执行总裁、营销人员、工程师以及几乎其他所有专业人士，都因他们的专长意识到这是他们必须做的。虽然在严格的字典定义之下他们拥有客户，但他们没有表现为那些人是他们的主人。他们知道他们提供的服务常常可以区别一个企业或个人的成功与失败。设计行业应该到达同一个水平，一种艺术服务在商业环境中永远不会有真正的价值，相反，一个起到重要作用，又有辨识度的人则会被重视。

内部设计团队应该索取设计费用吗？

每次在我的讨论会上讨论与某人工作，而不是为他们工作时，总有与会者提出内部小组被要求索要设计费用的问题。当然，为外部机构工作的人们必须为他们花的时间索取费用，这是他们机构盈利的方式。但内部小组如何盈利呢？

首先让我关注企业内部设计团队，如果我们同意我们的目标是成为公司中一个战略业务合作伙伴，一个有价值的核心竞争力和一个卓越中心，通过商业中的每个功能寻找对设计问题提出的建议和会议。我们真的会为这种服务收取费用吗？我不相信。一旦为我们付出的时间收费，那么我们又变回了出租车司机，为雇用者提供服务。如果我们的非设计同事在公司对我们的援助必须支付费用，为什么他们不能去找外面的公司或外部机构而支付给那些公司同样的费用？毕竟他们可能会认为只要支付费用，他们更容易从外部公司得到他们"喜欢"的设计。

因为我在公司中这个唯一的职位，我真的不得不忍受这个问题。当我受雇于数字设备公司，负责公司的设计部门时，我"接管"了约一百个成员的小组（包括作家）和一个从公司成立以来就建在那里的收费系统。我小组中每个员工的计时工资已在财务部建档，他们规定我的小组（他们称之为"成本中心"）内的每个员工必须从其他团队每周收回至少68%的有效时间的账款。这个数据依据来源于工资、福利、日常租金（占总公司的居住费用）和操作设计团队的其他相关费用（物资、设备等）。这差不多就是一个外部机构的精确操作。我发现自己在为一个大公司运行一个小型精品业务。

每个月我必须准备复杂的收入与费用预算报告，然后会见两个金融分析师去写一份关于我"业务"的报告，这需要每月花好几天的时间。内部"客户"会不断提醒我，如果我在很短的时间内不能精确地给出他们想要的，他们会将他们的"业务"给别人。我立刻意识到这个系统必须被取消！

如果我想运行自己的机构，我也会这么做。我不会加入一个大公司，花80%的时间去管理运行一个非营利的业务。我想作为一个设计大师对公司作出贡献。我不想浪费我宝贵的时间专注于每个月"我创造的数字"。

我的工作人员同样很惊恐。他们害怕如果每个月没有足够的时间换取账款，他们可能会被解雇。结果，他们接受各种各样的基本生产工作，确保每个月他们将有足够的小时计费。他们还必须持续烦琐的日常考勤，我也必须每周检查。所有这些担心的结果和保留记录使他们很少有效时间来开发真正有利于公司战略目标的有效设计解决方案。

这个过程已经很完善，我知道改变它会花一些时间并会遇到很大的阻力，尤其是来自财务人员的阻力。然而，我决心取消这个系统，以便我的团队可以为公司做关键的战略设计工作。

为了解决一部分问题，我咨询过在其他公司做设计管理的许多同事，以决定如何处理这个问题。我和我的朋友约翰·泰森谈起此事，因为在他重置北方电讯公司的设计功能时曾面临同样的问题。在同一篇文章中，阿耳特弥斯解释说，约翰的策略是这样的：

泰森对他的团队承诺塑造和不断更新"我们对产品的清晰视觉，基于如何变化和学习，首先确定权力转移，将重塑客户价值的定义"。"权力转移"是一个可以在"公司设计团队"频繁听到的短语。最简单的解释是，对未来价值创建分隔转向。

摘录自《矛盾的领导：与约翰·泰森的旅行》，作者：阿尔特弥斯·麦奇

泰森明白权力转移是一个外部和内部的过程。他通过不同的语言和比喻表达他的看法："比喻很重要，当其他语言失效，比喻就会起作用。"他旨在用比喻让人们转换模式，影响内部权力转移，使外部转化成为可能。事实上也很有可能。

按照泰森的解释，改变"公司设计团队"的资金结构在这个过程中是根本的一步：

我们不能带着至高无上的奖杯做这件事。这一概念必须有资金支持，因为筹资过程造就了行为。如果你是一个支持功能，那么你不应该惊讶于人们出售或是处于被动模式。"设计诠释者"已在底部被资助——作为分包商。所以我从我责任的角度来挑战组织。那天我塑造了一个大型组织，重要的是我告诉他们我已经清理了资金问题，我们已完全重置了它。

在本文后面对泰森的引用如下：（泰森之后这样说）

如果权力在你手中会发生什么？如果你出席相同的会议，并说"不，你不明白，我不是来赚钱的，我是来投资你的未来的"，而不是带着至高无上的奖杯出去或追逐金色大门，那会发生什么呢？

泰森抨击了出自"公司设计团队"的词汇"客户"和"销售"。相反他建议，"你要尝试使用'伙伴'这个单词。你不能用它与奖杯并列，'伙伴'应与'投资'并列"。

关键问题是如果你处于一个内部组织中，而这个组织必须由某种内部收费系统恢复成本，那么尽你所能去消除这个系统。只要那种系统存在，你永远只是一个服务提供者。

我使用的方法本质上遵循我的模式。创建设计价值功能的底线提交给高级管理评审。我列出了非常明确的事务性例子，说明设计在商业中的角色。我列举了相互价值的益处，描述了公司所有功能的战略关系比为谁工作有众多的合作优势，是关键操作单元。最后，我不得不在公司的财务报告中准备了一份详细的财务

分析和简要文件加以说明。结果是我赢了。在公司预算中，我们使用了单独开支线，我不再需要花费大量的时间试着想出如何为我的部门赚钱。相反，我能花时间试着想出如何用设计方案为公司赚钱。

外部机构有着同样的问题。当他们要为每小时创造有效设计解决方案而收取费用时，很难把自己看作一个伙伴，而是服务提供者。这就意味着外部机构需要非常努力地减少这种看法。回想我关于私人医生的评论，我支付他费用，但他的专业知识价值远远超过费用。在过去几年有所不同，一些勇敢的机构已经抨击了这个问题。这些机构的报价依据设计工作结果来测量。如果他们的工作结果显示为公司获得经济效益是可测量的，那么以该机构获得的百分比作为费用。如果项目失败，他们得不到任何费用。

与合伙人合作的国际性案例

让我为你提供最后一个真实的例子，以说明与合作伙伴合作的含义。

在过去的五年里，克拉伦斯是一家基于拓展国际市场公司的设计经理。克拉伦斯公司的设计团队完全由美国设计师组成，包揽了公司几乎所有的设计工作。唯一不属于企业集团控制的设计工作是广告的外观和感觉，这由纽约广告公司处理。

位于欧洲和亚洲公司总部的销售和营销人员期待公司内部的所有设计工作都毫无问题地完成。国内存在没有受过训练的设计师成为员工，而美国广告公司机构的工作仅仅是制作广告。有时当销售额和市场份额没有按计划在这些国家增长，就会与区域经理举行高层会议。这些区域经理经常指出广告、包装设计和销售相关材料在他们所在国家是不适合的。

管理者认为这不过是一个软弱的借口，但同意邀请克拉伦斯去倾听各国经理的投诉和其他设计相关问题。他们还邀请广告公司的客户经理参加会议。克拉伦斯和广告公司相信他们的设计工作是出色、强大和引人注目的。高级管理人员也认同设计工作可能并没有错，并支持克拉伦斯和广告代理公司。

随着会议的临近，如果你是克拉伦斯，你将如何准备？会如何处理这种情况？

我再一次选择了一个例子来说明一个设计经理和设计团队常见的错误。首席执行官需要确定设计的价值，问题是设计的价值不是由销售和市场产生，尤其是在不同的地理位置。你需让每个人认识到设计的价值，而不仅仅是首席执行官。

尽管克拉伦斯的小组所做的设计工作在北美市场销售和营销方面效果显然是很好的，而在北美以外的地方，市场销售和营销的效果却被当作一个核心问题。克拉伦斯没有与全球公司的非设计区域经理工作或合作的经历。现在导致了这次可怕的、对抗性的、决一胜负的、没有人会喜欢的会议。克拉伦斯似乎准备防守，区域销售和营销经理准备挑起战争。这对谁来说都是不利的环境，当然对于公司和公司的销售增长或市场份额也是不利的。

如果克拉伦斯已经学会了积极主动，以伙伴的身份与这些销售和营销经理合作，会议甚至都是不必要的。事实上，克拉伦斯仍然可以确保会议不发生。

他首先应该与经理沟通问题，并以开放的心态去倾听。虽然有些经理可能想极大限度地进入主观的美学领域，克拉伦斯需要将他们带回到客观区域：为什么他的团队创造的设计解决方案在他们的地区无效。无效是指什么？为什么？他应该以伙伴身份跟他们一起去寻找有创造性且有效的解决方案。克拉伦斯也必须承认，虽然他的团队的设计工作在北美是非常有效的，但欧洲和亚洲的解决方案可能会不同。然后克拉伦斯应该准备找到那些能在不同地理区域有效的设计解决方案。

这就是我所说的与人一起工作。我确信非北美经理认为克拉伦斯只不过是没能给他们提供想要的装饰性服务的角色。愿意听他们并作为伙伴与他们一起寻找有效的设计解决方案，克拉伦斯可能会戏剧性地改变这种动态。这里的真实信息是学会与所有利益相关者合作，而不是取悦任何单一的观众，比如首席执行官。

当然，这直接关系到设计任务书。在客户部分，位于世界各地所有目标客户的需求都必须明确指出。在业务目标／设计策略部分，需要列出所有地域业务目标，每个地域目标需要有与之相关的具体设计策略。唯一能确保你在正确轨道上的是在关键利益相关者列表中包括各个国家的代表，你要确保在设计任务书创建过程中与他们商议。

在所有情况下——特别是在全球商业环境中——设计经理需要齐心协力调查各种目标客户，并学习如何开发有效的设计解决方案，以满足不同的需求。我非常提倡设计经理和设计师参加国家和国际销售会议和贸易展览会。即使这些项目的主题与设计本身似乎没有直接关系，它们是设计专业人士更多地了解关键利益相关者需求的第一手资料。

坐在一个设计工作室里"做"设计的日子一去不复返了。设计人员须走出去看看世界正在发生什么。他们必须积极倾听内部关键利益相关者以及所有各类目标客户的意见，以便为团体创建有效的设计解决方案。只坐在房间就能为那些你从未见过和交流过的人创造出精彩的设计解决方案是非常困难的。

信誉与信任

一旦你完全理解你为任何企业提供的附加值（个人与设计功能上），一旦你了解交流在设计领域中的作用，一旦你能够发展互利的良好的价值关系（强调"双方"），一旦你发展与人一起工作的技巧，而不是为他们工作——然后，也只有到那时，你才开始具有作为战略业务伙伴的真正可信度。

知识带来理解，理解带来增值和信誉，信誉通往信任。首先，人们必须有一些真正的知识和对设计能提供的附加值的理解。只有这样，他们才能开始欣赏好的设计。信誉源自提供真正满足项目的业务目标的解决方案。一旦你有了信誉，信任必将随之而来。

记住，正如我一次又一次说过的，之所以会有如此多的设计师抱怨他们没有足够的时间，没有足够的预算，不能尽早受邀参加流程，不被欣赏和理解的首要核心原因是他们无法作为商人被信任。不要忘记，任何营利或非营利企业的存在只为赚钱。非营利性业务不会长久，除非它有足够的钱来支出。同样的，营利性企业如果无法赚钱将很快被淘汰。

在商人的意识里，设计首位和最重要的目的应该是帮助满足业务目标。设计行业让他们明白，这也是我们的目标。我们需要让我们的业务合作伙伴知道，设计的目的远远不只是"漂亮"或"聪明"。

非设计师几乎总是那些最终批准设计解决方案的人。花一分钟思考一下吧。对设计并不完全理解，没有经过培训，也没有专业设计知识的人最后来审批设计。为什么？因为设计师不被信任去作业务评估。在大多数情况下，大多数非设计师都会承认一个专业设计师比他们更了解设计美学。他们只是不信任设计师能够最终评价他们所做的设计方案是否满足实际业务的需要。为了使设计成为一个平等的伙伴与项目合伙人，专业设计人员必须首先从非设计师处赢得信誉和信任，我所开发的模式帮助了许多设计团队实现取得信誉和信任的目标，这对我来说的确有效，试一试吧。

8 在审批流程中使用设计任务书

　　整个业务中设计方案获得批准是最痛苦和令人沮丧的过程，也是设计团队在日常工作中必须面对的。在我早期的企业设计职业生涯中，多年来确实忍受着这些审批。最后我不得不面对这个事实，即我需要找到一个方法来摆脱痛苦、挫折和苦楚。起初，我认为这可能是一个无望的追求——一个不可实现的梦。我回忆起在学校的时候，有一个平面设计教授，当时我觉得他的审批过程特别严厉。最后我意识到事实上他根本不是苛刻——他只是在让我们为职业生涯作好准备！

　　他会指定一个设计问题让我们解决。在我们提交方案的指定日期，他要我们把方案沿着教室黑板槽排列。他一句话也没说，沿着黑板槽走了一圈，要么把方案留在黑板槽上，要么扔在地上。事实上几乎每个人的作品最终都被扔到地上。他转过头对学生们说："地板上的一切都是失败的。如果你认为你的作品没有失败，捡起它，放回黑板槽中，告诉我和同学们为什么它没失败。"当然，我们大多数人捡起我们的作品，并试图作辩护，毕竟我们不想失败。当我们拼命试图捍卫我们的方案时，教授一直打断我们："你太骄傲了，太维护你充满智慧的设计方案了，把它放回地板上去！"

　　他教我们的是不应为设计辩护。设计不应该因为我们认为它成功，它就是成功的。相反，我们只有回到平台继续工作，直到我们能清楚地解释为什么我们的解决方案能满足目标任务。出于某种原因，我花了几年的时间才真正领会教授所教给我们的。在学校，总是太容易谈论到如何变聪明（如何有创意，等等）。当我们得到一个任务，其他设计类学生知道我们在谈什么，通常都非常支持。这不是在企业界环境下。其他受过非设计内容训练的利益相关者，特别是那些对设计方案有批准或否定权的人，没有认识到我们知道的所有设计技术。他们只知道他们喜欢还是不喜欢。

　　我提到的那个教授的审查批准方式事实上是非常独特的，他所做的并不是今天的设计教室中普遍的做法。

我有幸参加《HOW杂志》的设计专题会议并在会上作了一些演讲。在会议的一个晚上，讨论题目是"学生作品欣赏"。会议组织者邀请设计学院的学生在他们学习的最后一年拿出他们的作品集，并向所有出席会议的人展示自己的工作成果。我真的很期待这个年度盛事。我经常惊讶于这些学生的天赋和展示的能力。

我参加了其中的一个学生展示活动，发现有个学生的这项工作尤其让人印象深刻。这个年轻人是一个平面设计的学生，他设计了一张大海报和一本宣传册。当我走近他的展台，他正在展示他的作品集。我偶尔听到他正向某个出席会议者介绍他的小册子。年轻人非常兴奋和紧张地解说着，首先他介绍了情感体验，接下来采用了大胆的颜色和前卫的排版方式增强了这种体验，最后他解释说，他结合所有这些设计元素使它成为一个令人兴奋的小册子，达到情感高潮！

这个学生所做的正解释了他经过深思熟虑的设计技巧，并用来创建他认为的视觉冲击。对另一个设计师来说，他的作品确实具有极强的视觉冲击力。然而如果他使用这种方法把小册子呈交给未受过训练的非设计者首席执行官或销售主管，他就麻烦大了。

我向你保证，我不是想贬低这个学生。他正在做的是他在设计学校常做的。在设计学校，我们向志同道合的设计学生和老师展示我们的作品，在现有设计中这看起来似乎是正常的。不幸的是这在企业界并不奏效。我们展示设计解决方案的对象在商业世界并不理解——或欣赏——使用负空间的力量，大胆的颜色组合或杰出的独特排版。当我们离开设计学校后，我们必须学会以一个全新的方式展示设计方案给有最终批准权的非设计专业的业务经理。

关键是不要试图通过谈论设计元素来维护设计方案，仅面向项目的目标呈现设计方案的结果。这取决于我们，我们设计师要指出为什么一个特定的设计方案满足业务目标。我们主观地选择它并使用于客观目标中。目标在设计任务书中被发现，而设计任务书也应成为你的审批报告大纲。

作为审批报告大纲的设计任务书

如果你之前精心构建了一份设计任务书作为大纲，那么你就有效地创建了一个待批准的报告大纲。我目前谈论的是设计方案最终的审批，而不是整个项目过程中各种繁杂的审批。

你的情况介绍必须从第一段或从你的设计任务书要点开始：内容提要。简要回顾关键业务元素：为什么我们要做这个项目，为什么我们现在做，我们为谁做，我们预期的业务成果，等等。这种设置是基于：①你彻底了解项目且对业务需求很清楚；②你了解目标受众（们）；③从战略上来讲，你以高度有效的方式在工作。

接下来我建议直接通过任务书来构造它，简要提及谁最终对结果负责（合伙人），谁是关键利益相关者，并对项目各个阶段给予概述。随后是特定分类（或类别）及其行业趋势描述，公司产品投资组合（如果适用），当然还有目标客户以及可能已经包含在你任务书细节中的其他关键要素。如果我介绍的一些项目在第3章的概要中未被使用，那么就忽略它们。

当你开始制作有关阶段的细节，一定要用通俗的语言清楚地解释阶段内容。为什么它是至关重要的；哪些人参与；如何参与；是否获批；是由谁审批的；可能完成的受众目标测试结果是什么。所有这些目标是为了确保审批者理解这个战略有条不紊地进行着，关键利益相关者也参与其中。目标群体测试结果表明你的解决方案不仅仅是艺术家们"心血来潮"的装饰！

接下来，你给批准者展示一个解决方案，并用专业术语解释，为什么这个解决方案满足了所有业务目标。

最后，你描述项目的实施情况，以及你和你的合伙人将使用的测量方法和报告业务成果的方法。

了解最终的审批者

有权威和能力对设计方案作出最终审批的也是人，所有人都有独特的个性。因此你和你的合伙人应该尽可能了解你将送审的对象。什么能够刺激他？他的框架个性有什么基本需求？他的主要动机是出于权力吗？他任何时候对每件事都需要清楚地掌控吗？如果是这样，也许你在准备你的提请审批报告时头脑中要牢记这些。

我认识的其他高级管理人员因为完成某个项目而更有动力。他们为他们职业生涯中完成的所有事感到非常自豪，他们通常也为业务迄今为止取得的成功而感到非常自豪。很有可能我会使用不同风格为这种类型的人展示内容。也可能要包含一些关于如何表现公司的其他成就的内容。

最后，我遇到最常见的高层管理人员的个性是需要从联盟关系中找到真正的动力，他们非常渴望被爱——客户、员工及关键利益者。我提交的审批报告风格会适应这种不同需求，而不是只为一个有权力或一个被成就驱动的经理所准备。

为设计方案获批制作一份放之四海皆准的报告是远远不够的。记住，当你为审批会议准备呈交的设计方案，你心中总是要有目标客户的，这将有助于确保会议有一个成功的结果。

重要的是要记住，那些有最终批准权威的人直到这个会议之前都没有思考过这个项目。通常他们没有参与整个设计过程，因此需要提醒或者在第一时间用业务术语告诉他们这个项目的所有情况。不要谈论设计！谈论设计项目的成果以及这些成果如何满足业务目标。没有必要自我夸赞你运用字体、色彩组合或其他设计元素的创意。不要邀请他们作出主观评论，永远不要问："你喜欢吗？"（他们总是不会喜欢的！）

依我之见，在最终审批会上展示多个最终设计方案同样非常危险，即使有两到三个设计都很优秀。如果提交多个设计方案，我几乎可以保证审批者会告诉你，他们"喜欢"每个解决方案的某些元素，将会问："你能将这些不同的元素组合在一个设计中吗？"你最终将得到一个混合的解决方案，那是行不通的。这个审批过程不能变成一个选美比赛。设计是一门解决问题的学科。集中在问题上，集中在解决业务问题的方案上。此外，如果你展示有两个或三个同样优秀的方案，意味着你是在给审批者传递一个简单的信息：你不确定哪个方案是最好的。这是你在放弃最终的责任。

但就像许多设计师告诉我的那样，审批者总是坚持希望看到至少两个或三个方案该如何呢？问问你自己，为什么会出现这样的情况？他们希望看到多个解决方案，因为他们不相信你自己能拿出一个解决问题的方案，他们不相信你对业务需求的了解跟他们一样多。他们承认你设计做得好，但他们是决定哪一个才是解决问题最好的设计方案的人。出现这种情况主要是因为你可能总是使用设计术语，而不是用商业术语来展示设计。他们不习惯听你谈论如何满足业务目标。

要扭转这种局面，首先你必须非常小心地展开你的介绍，并一定要提及你所探索过并对目标客户测试过的很多概念。你还应该确保在整个项目中提到积极参与的关键利益相关者，以及经过这些利益相关者认同的每个阶段的成果。这是向审批者表明你确实考虑了多种处理方式，但这是唯一满足业务准则和目标的最好解决方案。如果他们仍然想看到其他的处理方法，那么简单表明你会经过深思熟虑后在一个星期左右拿出方案给他们展示，并解释为什么这些早期的概念被设计团队和关键利益相关者否决。如果你与目标客户测试过概念，将是非常有效的，因为测试可以表明你的目标客户更偏爱你现在展示出的设计方案。审批人员将适时地对你抱有更多的希望和信任，因为你带给他们在市场中运行真正有利于企业的可行的设计方案，这将令他们非常满足。

如果你必须谈论某些设计元素，不要这样做，除非你已取得了设计方案的业务案例。太多的设计师开始提交审批报告时，用了很多关于具体设计元素的评论。这将为审批者高度个人和主观的评论打开大门。务必要把业务方案放在前面。

制作审批报告的另一个关键方面无疑包含了我提到的最后两个阶段：实施和测评。在你提交的审批报告中应包含表明你接受特定项目结果的问责的内容。审批者会感激你帮助他们了解关于他们的审批会产生什么结果的相关细节，而对有用商业术语阐述的测量结果的专用准则也会作出良好反应。

预期的反对

当你准备提交审批报告时，想想你的审批者，以及什么会使他们提出反对意见。在印刷设计方面我遇到的两种最常见的反对意见是："是不是型号太小？"和"商标不该更大点吗？"显然还有很多其他方面，你可以从自身经验中吸取教训。关键是要对这类评论有预见性，并在你研究你提交审批报告时确保这类评论永远不会发生。

举个例子，我记得曾为一个新公司的文具系统提供设计方案的例子。这恰好是我公司的首席执行官优先考虑的，他刚好是说"商标不能更大吗？型号不能更大吗？"的人之一。这个项目的主要业务目标是确保人们在四十多个国家都使用相同的文具识别系统。而客户对首席执行官的公司在世界各地"看起来非常不同"报以嘲笑。首席执行官很在意这种嘲笑，于是他决心解决这一问题，他急需得到认同感，他迫切需要被爱，被每个人欣赏。这就是为什么这个特定的项目对他来说如此重要。我们理解这是他的个性需要，因此创建了一个提交审批报告来放松他的思想。我们都仔细地去发现能满足和取悦全球客户的解决方案。

为了避免他对字体和商标型号的预期评论，我们制作了最终的审批报告，我们对单一的系统进行了研发、测试和推荐，格外小心地解决了首席执行官提及的部分问题，在全球范围调整了冗长的地址、邮编、电话信息等。我们还指出，各国发展自己独特的办公用品系统所需的原因之一，是所需的信息要么通过法律，要么通过标准的区域性经营方式，名称和标题往往很长，这与美国标准有很大不同。有些国家要求商业登记号码要印在所有业务文件上，在大多数国家，还要求用他们的母语和英语分别印在名片或电话卡的两面。同样也可能出现两种语言印于信头或其他商业表格的同一页面。

如果主要业务目标是创建一个能应用于全球范围的单一系统，那么系统不但必须能够容纳所有这些不同的信息，而且还要满足所有特定国家的需要。我们继续解释，通过用最大信息量和每个国家商业纸的标准尺寸作为许多准则中的两条准则，用来确定最可行和有效的商业用纸的尺寸，以及公司标志的位置和大小。我们还解释说，我们的方案已经通过各区域目标客户代表的测试，并且测试结果被认为是成功的。

现在审批报告中看上去或许需要很多额外的努力，但它实现了我们的目标。当我们认真解释最终达成主要业务目标的解决方案后，首席执行官怎么会说型号或标志太小呢？我们预料到他的一些评论和反对意见，在我们提交审批报告中有效地处理了它们，他再也不会提出这个问题了。如果他仍然问型号能不能大点，我们将重复我们的回答，我们将更加关注这个解决方案已在多大程度上被各个国家经理接受。我不会在提交的审批报告中陷入关于大小类型或使用特定字体的争论，特别是与首席执行官之间进行争论，我知道我一定会输。诀窍就是在审批报告中使用理性的、有条理的论述，不要停留在与设计元素相关的优势上，去预测可能来自审批者的否定或主观评论。再一次强调，要解释它为什么是适合的，不要去解释为什么它外表光鲜。

如果你不能展现自己，该怎么办？

不幸的是，一些公司的设计师或设计主管在传统上不允许呈现他们自己的设计方案给最终审批者。有一些人决定帮你做这件事。

有许多方法来处理这个问题。一开始在你作为一名战略设计管理者拥有信誉和信任之前，你可能不得不接受这一障碍。在这种情况下最好的办法是创建我一直在讨论的报告类型，并把它交给将为你展示的个人。几件事情会在此时发生，有人可能会简单地说"谢谢"然后离开独自展示审批报告。在这种情况下，至少那个人有一组材料去使用。毕竟你制作了审批报告。更好的情况是为你作展示的人会说："你真的应该跟我一起作展示报告。"当然，最好的结果是那个人说："你做得这么好，为什么不和我们一起提交报告，自己展示你自己的设计？"

随着时间的流逝，你的最终目标永远是使设计方案报告获批。在任务书的发展中，概念取得了共识，合伙人变成了平等的伙伴来共同担负责任。同时帮助你持有这样的观点：审批报告必须由最后结束工作的人负责。公司文化和传统需要时间来改变。如果你发现有必要慢慢转换到新的设计传统，不要惊慌，总有一天会由设计专业人员呈现。关键是你要勇往直前，而不是简单地接受既成事实。

如果你向高级管理人员汇报时不自在该如何？

我知道很多有才华的设计师和设计经理不能站在一群人面前，甚至是一个高级经理面前，作一次令人印象深刻的演讲。对于这些人来说，解决的办法是去参加一些课程或接受有效的公开演讲的辅导。对另一些人来说，可能已无药可救。他们只是在这些情况下不自在，并表现了出来。针对后面这种情况，我建议你向你的合伙人和非设计业务伙伴争取援助，让他们站出来作这个演讲。这并不意味着你不能推进这次演讲，只表明用最有效、最引人注目的方式呈现你的设计方案是很重要的，同时意味着你从你伙伴那里得到了帮助。然而你必须出席演讲，因为缺席即传达出你对你的设计方案不负责的态度。

有关审批的结语

这可能吓到你，但在我职业生涯早期，我的一个导师曾对我说："永远不要请求批准，只是感谢审批者！"我必须承认，起初我很怀疑这种方法。我还没有达到被完全信任的地步并拥有让我如此傲慢的公信力，特别是当首席执行官出席的时候。起初我只是闲聊，说了些首席执行官感兴趣的事："我相信您会同意我们的方案，因为它对我们的业务目标来说是最佳的设计方案。"我也同样吃惊地发现这种策略真的有效！一旦我做到这一点，我永远不会回到过去。我再也不会说"我们希望您能批准"。很久以后，我会说的是"我们感谢您的批准"。我的导师告诉我，"当你请求批准，或者更糟的是希望批准时，你在暗示还有其他人比你更清楚你的设计方案是否真正有效。如果你知道它是个很适合的方案，站起来把它展现出来。用审批者可以理解的业务术语阐述为什么它是适合的"。

9 什么是设计经理?

在本书中，我既提到设计师也提到了设计经理。假设我们都知道什么是设计师，那么我想使用"设计管理"这一术语。

在我职业生涯的大部分时间里，当我回答"你是做什么的？"这一问题时说"我是一名设计经理"。我总要遇到困惑的表情。通常的反应是："那到底是什么？"对于那些设计经理，或渴望成为设计经理的人，似乎找到对于"什么是设计经理？"这一问题可以理解的问答是至关重要的。

在我的"管理设计的战略优势"研讨会上，我要求与会者们解释什么是设计经理，答案依旧是五花八门。设计经理们无一例外地解释不清他们在企业中的角色。非设计业务经理不明白我们的角色更是不足为奇。假如我们真想成为一个核心战略商业伙伴，那么我们必须学会清楚地阐明我们在业务中的特定角色。

厄尔·鲍威尔是美国设计管理协会的会长，他在一篇发表于《设计管理杂志》中，题为《为设计管理构筑一个框架》[1]的文章中解决了这一问题。厄尔在文章中清晰、简明阐述的观点不仅是我认同的，同时也是其他许多设计经理认同的。事实上，在征得厄尔的许可后，我决定在研讨会上将这篇文章作为参会者的"预读篇"。在这里我将全文转载如下：

为设计管理构筑一个框架

20世纪80年代初，当我还是一个实习设计经理时，我经常思考如何最佳地描述我是做什么的。如何定义设计管理，如何理解它的目标，又如何建立一个通向成功必不可少的知识、技能和态度的框架？写这篇文章给了我一个整理散布在我办公室各种零散碎片的机会，并帮助我回忆了近20年我对设计管理的探讨。

我们谈到了标题本身——它是设计管理，还是管理设计？我们思考了上下文的内容，究竟是时装设计、机床设计还是平面设计。我作为设计团队经理或管理设计项目的独立设计师参加过无数关于设计经理角色的讨论。最近，设计经理在发展愿景和组织策略中作为伙伴或主力成员，以及将设计工作作为竞争武器的目的和利益引起了极大的关注。

在过去的10年里，美国设计管理协会已开展设计管理研究、开发教育材料，提供教育会议和研讨会，以及开发出版物以鼓励设计经理在他们的行业中成为领导者，并帮助非设计经理理解设计在商业成功中的重要性。所有这些举措均为设计及其管理的最终目标：通过增加我们物质世界的体验，改善我们的生活质量。

最近，我在伦敦与一些设计经理和教育者进行的探讨让我意识到，研究所正在做的促进设计管理的所有工作都是一个视觉推进和决策的过程。我们正在努力理解、开发和支持管理这个职业，并形成了使设计最有效的环境。实现这一目标有两个方面：第一，大背景——组织本身——必须意识到设计在竞争中的优势；第二，负责设计团队的专家应该是具有完整的核心知识技能和态度的领军人物。

我记得在20世纪80年代末的一次会议上，我与该研究所的董事会和董事会顾问（现称为"咨询委员会"）试图对设计管理的定义达成一致，我强调"尝试"，因为在没有事先建立起适合内容的情况下，对最重要的概念很难达成一个适用的全面定义，我们达成了可以适用于大多数情况下的综合性定义是："以用户为中心的有效产品、沟通和环境的开发、组织、计划和资源控制。"

这个定义并不能完美地适应所有场合，它也没什么特异性。然而，它为设计管理领域提供了概要。

随着我们所处的世界更加复杂，更加千变万化，我们遇到的各种产品和服务也变得更加五花八门，更加千奇百怪。这些邂逅和体验塑造了我们的思维模式，我们的行为，甚至我们的语言。每当我们看到一朵花或闻到花香，看到现煮咖啡溢满咖啡杯或闻到咖啡的香味，都是感觉先行。设计的主要目标是形成认知和对产品或服务的体验。因此，设计管理的目标是确保组织利用有效资源达到目的。

企业在过去10年里面对的挑战是"贴近客户"。那些满足了必要条件的成功企业，让设计承担了形成企业本身以及它的产品和服务的责任。随着变革的步伐加速，设计经理们需要学习更多关于管理团队和运营企业的知识以应对挑战。

精确列出有关知识、技能和态度的大纲，为设计经理获得成功提供一个有效的平台，等同于给出了这些技能使用的范围。然而对于公司和设计经理顾问来说，管理设计意味着创建一个环境，设计可以充分参与决策，这将形成让客户接触的感知点。

在我看来，有六类知识、技能和态度构成了成功的设计经理的本质核心。这六个区域相互重叠和共享了很多特质，它们只是丰富的信息领域和必要的行动的关键。其中三个是无形的、定性的和柔性的；另一组倾向于实际的、具体的、更可测的。第一组包括目的、人和存在，第二组包含过程、项目和实践。每一类都有它的胜利者和记录者，我在下面列出其中一些。

目的：目的是生活的燃料，给予能量和方向

我们总是羡慕一个有清晰目的的个人或组织，这是有充分理由的。他们的目的能给予他们能量并愿意为此努力，使他们保持领先。他们似乎总是先有大部分答案，动力驱使他们向前。目的经常出现在有关领导能力的讨论中。

设计经理需要有一个清晰的个人目标，他必须塑造他团队的管理目标，并确保这个目标与组织相融合。这样一个经理对组织是有价值的，他的组织也将视他为珍宝。当员工从常规性地完成他们的任务到取得超越任务骄人的成绩时，他们已经从被领导变为领导。良好的管理是领导的基石，对任何高效组织都是至关重要的。

有句老话是："如果你不知道要去哪里，你就不会知道你何时到达那里。"我想补充一点，那就是如果没有目的，你不知道去哪儿，何时去或者如何开始。我也会说，设计经理必须保持警惕，确保所有决定的努力朝着一个选择的目的前进。如果设计经理的目标是组织实现最高水平的产品功能，对产品的外观没有同样强调，那他可能会发现公司会因其他同样功能和出众外观的产品而失去市场份额。相似地，对功能的强调也很容易发生在仅需要额外关注功能的开发项目中。

任何组织中都有多维度和多层面目标，每一种目标可能对不同资源作出反应。有时由内部政策作出的决策优于由客户需求作出的。设计经理需要创建一个让目标致力于维护开发过程中专注、高效和有效的环境。

由肯尼斯·R.安德鲁斯创作的《企业战略的概念》[2]是一部经典的著作，从三个关键因素来解读成功的管理。首先，作为一个组织的领导者，管理者构建基础设施和流程，给团队每个成员有效的操作能力。第二，管理者的领导作用是通过有效的沟通、尊重、态度和远见来获得的。第三，作为目标群体的设计师，经理不断塑造并强化方向、战略和团队目标。安德鲁斯的著作被每个设计经理列为枕边书。

人：人是组织的构建模块，他们的行为和决策决定着他们的未来

设计经理的关注能力和激发创造力对良好的结果来说是必不可少的。他们必须不断明确这个期望：通过案例和谨慎的沟通，以最大的努力在合适的时间完成合适的任务。设计经理需要有理解和强调设计师们个人天赋的能力，把设计师与组织的需求相匹配。他们还必须不断构建和加强核心价值和团队能力，以及他们在组织中的地位。

作为在自己的组织中培养创新能力的设计经理，可以使组织作为整体，通过帮助非设计管理者学习如何在自己组织和研发团队中促进创造力而受益。例如，创造性思维的一个关键是在早期发展阶段保留判断，并接纳所有的想法。一旦非设计经理学习到这种方法如何起作用，他们就可以为自己的组织树立榜样。因此，设计经理在整个组织中可以产生一个连锁反应。

教授詹姆斯·亚当斯曾为《设计管理杂志》写过文章，并经常在美国设计管理协会的教育会议作演讲，他也是《一鸣惊人的概念》[3]一书的作者。这本书描述了创造力的几个模块及提供相对应的策略。另一本有用的书是杰伊·康吉曼的《赢得他们：说服时代的一种新的管理模式》[4]。

存在：一个组织不成文的非正式操作的标准，但对决策和人际互动具有强大的影响

稳定性、一致性、意义性是组成成员的基本需求，当这些特征存在时，组织会更有效。一个组织的文化形成会满足这种需求，也是一个建立共享的基本假设的过程，影响组织的所有决定。经理参与到组织的非正式人际关系中，经常听到的"公司方式"，就是企业文化由隐性知识和接受组织的价值和规范标准组成。

了解企业的存在可以帮设计经理揭示推进变革的关键要素，同时也揭示了变革的坚固壁垒。用尊重和有价值的设计态度注入组织是非常重要的。例如，据说在苹果电脑公司早期，史蒂夫·乔布斯不断要求他的团队"让电脑最大限度地满足个人"。这成为一个共享的价值，成为这个组织潜在的假设，并帮助苹果公司制造出人性化产品。

埃德加·H.史肯博士的著作《组织文化和领导能力》[5]就企业文化提供了一个清晰的解释和剖析，并附上一些经典的案例。

过程：从概念到市场的复杂过程需要仔细考虑和广泛的专业知识

设计是唯一一门在教育规划和实践的核心部分有思想发展过程的学科。没有任何一个学科如此深入和广泛地专注于创造和推进思想。设计师的功能是把一个思想通过开发过程用多个视点检验并演化的概念，这是独一无二的，也是一部分设计经理对组织成功的贡献。

彼得·肯的优秀书籍《过程的边缘》[6]是从业务的角度来写的，但包含了许多设计师在日常工作和思索的过程中使用的许多概念。如果你想了解商业成功过程的力量或扩大自己对过程的理解，这本书是至关重要的。

项目：项目团队的管理或工作不仅仅是完成日程表

项目是我们学习组织的规范和价值之地；是专业发展的演变之

地；是大多数政治斗争的开展之地。作为项目团队的负责人或成员，一方面是挑战设计经理管理人的技能，另一方面是这也要求他 / 她要从多个视角看问题，并能通过开发过程解决问题。这些技能是设计师教育的基础和特征。设计经理需要帮助他们的组织成员利用这种能力承担各自项目团队的领导角色。

《管理项目和计划》中包括采集自《哈佛商业评论》的相关文章，可为项目管理提供一个好的参考。同时，布瑞尼尔、戈德斯和黑斯廷斯所著的《项目领导》[7]为项目领导、团队和项目阶段管理提供帮助。

实践：实践通过财务日常操作、执行规划和人力资源开发支持设计资源团队

在所有方面达到一个平衡的设计管理是很重要的，确保给予实践问题足够的关注是一个特别的挑战。我认为实践是一种支持设计团队的平台。我还记得作为一名艺术家，我真的喜欢绘画多过于管理，展开画布，发送账单到画廊，所有这些事都成为艺术家真实的一面。后来我不断学习和提高专业，成为一名设计经理。我记得参加预算会议，为我的团队尽最大可能争取职业发展预算。我不是特别喜欢做预算和设计管理的金融工作，但这是给我团队提供专业发展的最好机会。学习预算和金融的概念是很重要的，在此我推荐由罗伯特·N.安东尼撰写的《会计基础》[8]作为自主课程。

《团队力量Ⅱ：经理指导举行定期会议》[9]是围绕有效会议的实例，指出许多微妙而有分量的问题的优秀读物。

最后，设计经理的良好实践变得显而易见，或者它在支持团队，只是不易被察觉。

综 合

如果你参加过一个正式的管理学位课程，你可能会发现与我所拟定出来的有一些区别。例如，为了"目的"的"战略"；为了"存在"的"文化"；为了"实践"的"运营管理"。对我来

说，这些简单的词汇是直接进入人心的。无论我们怎样称呼这些技能，我相信它们提供了设计管理的基本框架。你如何运用这个管理设计框架来适应你的独特经历，以及你的经历如何继续为这个框架贡献，对于我和设计管理职业都是重要的。

摘录自《设计管理杂志》，作者：厄尔·鲍威尔

最成功的设计经理怎样描述设计管理

幸运的是，多年来我开发了一个相当广泛的设计管理同行的网络，这个网络的很大一部分是我通过二十多年参与设计管理研究的经验得到的。网络中的其他人是通过我的公司和咨询活动认识的。很多人被要求在某篇文章中发表他们的观点，同时文章也刊登在《设计管理期刊》[10]的第10期上，这里有几段设计经理们的语录。

> 设计管理阐述了简单明确和隐含的意义：反映组织的价值。它鼓励个人贡献，准确表达和解释组织的业务目标。设计管理不是一个部门或一个监督的角色。它是一种战略资源和有目的的组织过程。组织在其文化内部把整合设计管理作为不断改良的活动，很容易引起生存竞争的挑战和微妙的文化、技术变化，削弱组织的反应能力。

> ——蒂姆·巴赫曼，巴赫曼设计团队负责人

> 作为一个专业，设计管理努力启动和处理董事会上决定的策略，并进行实施和交流。设计管理努力创建各级人员之间的理解和认识，把即使是最小的决策都变为以设计管理为核心的有意识的行为。设计管理的功能在所有地方、所有情况下都是在组织中通过结构、产品和员工来决定客户体验和产品质量。

> ——托尔斯滕·达林，瑞典工业设计基金会总裁

> 设计是具有沟通意图的最终沟通手段。倒数第二个设计是执行领导的愿景。我的管理设计战略和战术作为一个纯粹的、必不可少的元素支持我们的愿景，反过来建立我们的战略计划。如果战略计划发生变化，那么我们的设计工作应该连同愿景一起改变。愿景驱动我们的设计工作。设计可以使高级管理人员的思想具体化，可以

帮助他们从概念推进到现实世界实施。我认为设计管理是愿景式领导。

——莉兹白·多宾斯，企业品牌和形象推广经理，美国邮政署

优秀的设计经理会与战略营销相联系，也与工程相联系。有效的设计管理会产生引人注目的有形价值和无形价值，公司也了解这一点。有效的设计管理有助于对客户档案的开发，推动商业化的信息转化为产品的形式、颜色、质地和交互方式。优秀的企业形象设计实践影响日常操作，并与组织的战略目标相一致。扩大设计管理/领导作用和设计对公司的价值是不变的主题，同时无疑是令人兴奋的交流的来源。我们达到目标了吗？未必。有进展吗？绝对的。

——帕特里克·弗里克，伊士曼柯达公司设计资源中心图形和视觉
界面设计经理

设计管理可以通过愿景领导提高组织的战略目标——也就是说，通过2D和3D材料的帮助——从而反映出组织的愿望。日常操作可以通过活动中的有效参与增强，赋予那些愿望实质内容。最终，组织者的身份会起到平衡幻想和现实的作用。尤其是设计管理，非常适合帮助达到这样的平衡。

——马丁·基尔克，品牌研究及管理教育全球品牌管理集团，卡特
彼勒股份有限公司

设计，从词源学的角度来看，意味着"画线"——一个组织如何表达它的意识形态、文化、产品和服务的提示。这些资产是精心引导的，以便信息在所有形式的表达中都是连贯和清晰的。这些一致的信息在简易的战略组织功能中建立了市场、销售和运营的力量。虽然"管理"这个词产生了明显的战术关联，是大多数组织渴望的"领导"，这是管理必须要补充的，领导力是天生鼓舞人心的——可以定义愿景和指引可能的方向。

——蒂姆·基尔文，蒂姆·基尔文设计有限公司负责人

大多数组织都有一个共同目标，即被视为比竞争对手优秀且不同于竞争对手。设计管理可以被描述为视觉感知管理。假如能确保组织的视觉语言是连续的、清楚的、与所有内部和外部的利益相关者相关的，它就有助于实现战略目标。设计管理是负责设计、实施、维护和持续评估包括从传单到维修人员的制服这些所有项目的品牌总体体验的一部分。为了让感觉变成现实，设计管理需要成为创造者之一。

——芬内梅克·戈门，Partner SCAN管理顾问

在理想的条件下，设计管理是一个包括所有级别企业功能的整体、长期的活动。在长期关系中，产品、沟通、环境和服务可视为一个系统。我们使用"桥"和"网络"的概念来表达所有的策略力量中的连通性。也就是说，设计功能存在于从项目开始到结束的所有企业活动中。嵌入设计在所有日常开发过程中帮助企业发展，把握新的机遇，并应对不稳定市场的不可预见的情况。

——特塔思优客·希拉诺，希拉诺&阿绥卡特斯有限公司董事长

由于企业已经认识到可视化表现拥有沟通、激励和启发的巨大力量，设计管理已成为资产管理，有效的资产管理降低成本并创造价值。这种确保公司被长期持续性关注的运行系统降低了营销成本，并且通过一个又一个印象积累提升了企业的形象质量。除了资产管理，设计管理也是关于态度的管理。不仅仅代表一个公司的事务的状态，还包括它的精神状态。同样公司也努力在市场上脱颖而出，它的态度往往是它与其竞争对手间唯一的关键区别。温暖的、友好的、专业的、急躁的——唤起的每一种情感都能直观地描述。好的设计管理了解一个组织的个性，传达它的特有属性。最好的设计管理是设计的领导。它尊重过去，指导现在，并用开放的心态指导未来。

——蒂姆·拉森，拉森设计+互动董事长

设计管理的定义主要来自业务和客户背景，它首先是针对客户战略的明确价值定位，其次是对愿景、使命、目标、战略，以及与客户和业务相联系的行动计划的清晰陈述。设计管理确保组织的精力消

耗在必要的、战略性的项目上。这一点只有当目标、策略、计划和流程之间的联系已经明确，并通过设计管理达到共享时才能完成。最终所有组织中的员工可以看到他们的工作向高层战略重点看齐。实现这种级别的组织和管理成熟度的基础，是采用一个跨越包括组织价值观、业绩预期、沟通以及专注于内部和外部顾客等各种元素的管理或领导能力系统，并不断监测总体结果。如果设计组织的价值主张与更新、创新和创造性思维联系紧密，设计管理在执行优化产品研究方面给予投资方向的指导和决定是必然的。

——彼得·崔斯勒，北电设计团队公司副总裁

设计对于实现公司任务是至关重要的。这意味着用设计来为客户提供他们想要的，这样便能增加我们业务的价值。在现实中，我们通过确定客户和其他利益相关者需要的研发产品或服务，并交付于他们以实现目的。

——雷蒙德·特纳，BAAPLC集团设计总监

好啦，现在你了解它了。设计管理的定义是什么？世界各地的设计经理领导者都对这个问题作出了回答。

正如你所看到的，这些设计管理的主要实践者很少对具体的定义取得一致意见。然而他们每个人都同意设计管理是企业愿景的核心组成部分、业务策略和竞争优势。这远远超过"项目管理"，或仅对企业的功能提供行政领导。它需要全面了解公司的业务战略，行业的动态，了解客户以及公司的每个人，并理解如何通过视觉手段使公司的产品或服务在同类的产品或服务中居于前列。好的设计经理也知道如何用清楚和有意义的方式向他们的设计人员解释这些内容。

同样有趣的是他们都同意设计管理不只是关于设计的美学，更多的是设计产出的结果，最成功的设计经理总是雇用他们所能找到的最好的设计人才。如果你做设计管理的工作，那么你确实没必要在设计成员面前充当设计老师的角色。相反，必须要让这些优秀的设计师清楚了解需要解决的问题，以及设计项目应达到的

成果。

本书中概述的设计任务书流程是设计经理组织思维,并将其传达给设计成员和其他公司的最有效方法。审查设计任务书中的关键元素我已在第3章中概括过,此时再阅读设计经理们的评论,你会发现他们都认同这些核心元素是完整了解要解决的问题的基础,进而促成一个全面的设计策略,使得项目能够完成业务目标。

我也鼓励你把这些评论应用到我的模式中。我引用的每一位设计经理的话都对设计的价值陈述非常重要,可以帮你理解设计在商业中的作用,发展强有力的共同价值关系贯穿公司所有功能,并有效地和人打交道。

此时此刻,如果你还在挣扎怎样去完成你的价值声明,我鼓励你去看看各式各样的评论,这里充满了关于设计对企业真正的价值的不同想法。

最后,这些人之所以都是设计行业内的领导人,仅仅是因为他们知道如何表达设计的价值,他们知道如何在一个商业环境中进行战略性思考。

我对"你是做什么工作的?"这个问题的回答

厄尔·鲍威尔为我们去思考设计管理应该是什么提供了一些很好的精神食粮,他还提供了一些便利的参考书籍,可以帮助那些设计师或设计经理去实现将设计变成公司核心战略业务组成部分的抱负。

对于别人问我:你作为设计经理做些什么?我的标准答案虽然有许多变体,但大概内容是:"在我公司中是一个战略业务伙伴,也是愿景塑造者的核心成员,还是通过设计使公司产品或服务有形化的商业策略的核心成员。"

10　检验设计成果

如何检验设计成果的问题多年来困扰着设计师们。每次我在研讨会作演讲时，与会者提出这个问题时通常会说："我的公司总想知道我们如何判断我们的设计工作是成功的还是失败的。他们希望看到金钱的数额以证明他们的投资回报，这是没法做到的。"

我相信这一困境是由于设计师和非设计业务合作伙伴仍然关注于美学或美观造成的。当然，你不能定性地衡量主观的东西，美在很大程度上仍然在旁观者的眼睛里。事实上僵局的主要原因之一，源自于人们把专注于美学的设计功能看作"必要之恶"。

最后，衡量设计的唯一方法是来衡量设计方案是否满足业务目标和交付项目所期望的结果。这些目标应该在设计任务书中非常明确地指出。

最近，我在报纸上看到一家卡通公司的设计经理说："看看我们为这个宣传册得的设计大奖。"而业务经理说："但这个产品还没有开始销售，竞争还没有开始！"设计经理反驳道："你是选择相信给了我们卓越奖项的专家，还是相信不欣赏伟大设计的客户？"

优秀设计与有效设计的对决

设计在技术上是好的，并不一定意味着它对设计业务目标和业务成果来说就是*有效的*，特别是在企业环境中。设计奖项是好的——如果它们是合法的奖项——但它们不应该是你衡量设计的唯一途径。

我知道一个产品（我不便说出它的名字），它在各方面都是很好的工业设计的典型案例。事实上这个产品永久性地展示在一个世界级的博物馆里，还在一些产品设计的教科书中被讨论。坦率地说，这是一个精彩的一流设计技术的例子，它确实赢得了许多设计奖项。那么，这个产品没有出售是出了什么问题呢？目标客户不想要它。当然它很漂亮，但在目标客户的心目中它真的不是非常实用。这个特定产品的开发成本接近100万美元，因此，尽管在我们设计行业内可以惊叹于它的美丽、功能和优雅，而公司高级的非设计业务管理者认为这个产品是在浪费时间和金钱。从管理的角度来看，这是好的设计——也许他们会承认这是好的设计——但从他们的角度来看，这是一个代价昂贵的错误。事实上，他们考虑解雇项目的首席设计师。（他们没有这样做。）

正如我反复说过的，从这个例子中得到的教训是：企业界的真正价值是设计不仅必须美观，而且还需要解决业务问题以满足业务目标。唯一的途径是让非设计业务经理看到设计师和设计经理们同样重视可衡量的商业成果，这样他们才能接受将设计专业人员作为核心战略业务伙伴。

这并不意味着我们不应该努力创造可能的最佳设计方案，也并不意味着设计不能令人兴奋和高雅。这仅意味着我们必须注意保证这些令人难以置信的设计方案也解决指定业务问题。

一些种类的设计较其他设计更容易用业务术语来衡量。产品设计可能是最容易量化的，因为它会迅速显现产品畅销或不畅销。包装设计也可以用一些相同的标准衡量，包装袋是否"从架子上落进消费者们的购物车"？当然，销售、营销和广告专业人士也会声称，是因为他们的努力，产品才是成功的，但是设计师不应该胆怯，他们也需要声明他们在一个成功产品中的重要作用。你如何证明这一点呢？通过测试目标客户。我反复强调这一点：设计解决方案必须被目标客户测试，这些测试的结果会为你声明的设计有效性提供一个坚实的基础。广告公司这样做是理所当然的事，他们有各种各样的数据来支持他们的有关广告效果。他们总是谈论达到范围、频率、观众测试结果和召回等情况。设计师需要学习做同样的事情。

无可否认，平面设计在业务术语中是更难以量化的。你怎么知道一本宣传册、海报或目录是促进还是减少了市场的销量？再次提醒，它必须随着设计任务书中的设计策略回到原来的业务目标中来衡量。你使用的设计策略满足业务目标了吗？如果它满足了，设计就是有效的。如果没有，设计方案则是无效的。它并不意味着设计本身不好；它只是意味着方法、设计策略没有完成既定目标。

之前我举过某公司办公用品系统的例子，主要目标包括确保业务在世界范围内的每个区域内能使用完全相同的办公用品系统。首席执行官认为这是确保客户不会把他们公司与其他公司混淆的至关重要的内容。如何测量？通过全球范围目标客户的测试和实施，一个全球体系被设计出来。客户们不再抱怨他们的困惑。因此从业务的角度来看设计方案是起作用的，无论它是否获奖。如果它没有在世界范围内被接受和执行，那么它就不会满足项目的业务目标。当然，它也必须是好的设计，你必须一直努力提供优秀而又行之有效的设计作品。

在世界范围内完成了新的办公用品系统后不久，我接到一个来自销售人员不愉快的电话。这个特殊的人持续告诉我设计方案的每一件过失，并说："客户讨厌它！"我告诉销售人员，这是非常重要的信息，我问他是否可以给我，那些告诉他对我们的新设计很憎恨的客户姓名。当然销售人员不可能给我任何名字。然后，我主动提出送他全球所有客户列表中，经测试喜欢我们解决方案的那部分列表，销售人员就挂断了我的电话，我再也没有听到他的消息。这个故事的寓意是，你要小心那些想完全提供自己的主观意见，有关他们个人喜欢或不喜欢的设计。唯一有效的方式是用目标客户的测试结果来回复这些人。

以美元来衡量价值

金融投资是值得的吗？如果项目投资接近核准预算或在预算之内，并且最终的结果被认为是足够重要的投资，那它就是值得的。再次提醒大家，这一切都源自设计任务书的过程。要记得，设计任务书的初步探讨包括我们为什么这样做，我们为什么现在做，为什么它是值得花时间的，分配多少钱？之后，在阶段描述过程中，合伙人应该讨论（辩论）分配给每个阶段的时间和每个阶段的预算。一旦合作伙伴和关键利益相关者团队已经同意所有的这一切时，也只有到那时，才应该开始设计工作。还有你的测量工具！我们在规定的时间和预算内完成了业务目标吗？目标客户的反应方式是我们期待的吗？衡量设计项目成功与否的标准应是明确的。讨论不应该围绕着"它漂亮吗？"来进行，因为漂亮与否无法用业务术语来进行有效的衡量。

测量阶段

在设计任务书结尾的地方加上一个测量阶段，大概说明你采取何种方式测量结果及用何种标准测量。这样你将会避免所有脱离事实、主观的无稽之谈，人们也不会对你的设计提供个人意见。对于"艺术"来说，个人意见是可以接受的，但设计不行。

11 设计任务书的一个案例

在我每一次DMI设计任务书研讨会的演示中，总会有一个或更多人问我是否能向他们展示一份"完美"的设计任务书。简单的回答是："不，我不能。"有几个原因。首先，根本就没有所谓的"完美设计任务书"。只有当你与你的合作伙伴仔细构造它，并在一个特定项目中很好地执行它时，你也许可以称它为完美。

我不能展示一份完美的设计任务书真实例子的另一个重要原因是，没有一家正常的公司会让我在我的书中或在研讨会上发布这样一份任务书。正如你所知，一份真正好的设计任务书包含公司大量的业务战略专有信息、研究数据结果和未来的计划。这不是公司愿意分享的信息。设计任务书是高度机密的文件。虽然我个人见过很多好的设计任务书，我自己当然也参与过数百份任务书的开发，但我工作过的公司总是跟我签署保密协议，禁止我对外分享他们的信息。

我能做的最多就是为一个虚拟的公司完全虚构一份设计任务书。下面就是一份这样虚构的任务书。我使用的背景和目标部分的信息来自第3章开头的一个真实公司的例子。对某些企业而言，这是相当典型的设计问题，而且来源（公司名称）完全透明。在那里，我虚构了一切别的东西。我唯一的目的是证明一份设计任务书有多长，如果你仅仅了解我第3章中提到的基本知识的话。我已经在每一节添加了一些注释（斜体字部分），作为审查的一类关键元素。如果能假设将它作为提交给设计任务书项目团队，以便他们讨论并通过的第一份草案，我认为是最好的情况。这样的团队可能想添加或删除一些材料，修改一些措辞，正如我前面描述过的。再次重申，仅把它作为任务书起点的一个例子。

我也选择使用叙述格式，因为这是我个人喜欢的。记住，你可以开发任何你喜欢的格式，只要它是明确的，并对你和你的公司有良好的效果。

请不要把这个例子与任何特定的公司或行业联系起来，它只是一个例子。

ACME公司设计任务书
公司产品投资组合的完全重新设计

项目概述和背景

目前公司产品投资组合反映出一系列不同的视觉处理方案，创造了各种时间点来满足各种业务目标和策略。因此，组合缺乏视觉凝聚力和清晰度。这加剧了目标客户在复杂和混乱的全球市场中对产品的选择困惑。为了获得清晰度和凝聚力，缩短销售周期，增加竞争优势，提高市场占有率，从而提高盈亏结算线，必须利用保护策略，重新设计整个产品投资组合。未来新产品的设计原则和策略也必须建立在这个保护策略之下。

最终的设计方案将始终包含公司品牌元素，在此基础上实现有凝聚力的视觉外观，并在保护策略下明确区分不同的产品。

为了最有效地执行这个项目，重新设计将由以下8个阶段引导执行：

● 阶段1——对现有公司产品投资组合的完整视觉审计，以及三大竞争对手的产品投资组合的视觉审计。

● 阶段2——最多开发6个创意设计概念，以满足业务目标。

● 阶段3——对目标客户测试所有的概念。

● 阶段4——选择3个概念并进一步完善它们。重新用目标客户测试这3个概念。

● 阶段5——选择一个概念，充分开发，并执行最终测试。

● 阶段6——开发审批报告。

● 阶段7——实施获批的设计方案。

● 阶段8——开发测量指标。

设置该项目将完成的时间（日期）及这个项目的预算（金额）。

项目业主（姓名），营销副总裁（姓名），以及战略设计总监（姓名）。

设计任务书项目团队成员将包括：（名单/每个团队成员的头衔）。

注意：我作出的变化只是添加了设计任务书第3章最后一段的陈述，正如我在前面讨论中提到的，这也可作为项目的执行概要。

类别检查

ABC公司被分类为市值600亿美元的全球性产业。尽管有超过125个品牌参与这一类的竞争，只有4个品牌被认为是市场领导者，这4个品牌占市场总额的65%。

品牌X是当前的市场领导者，拥有25.5%的市场份额。品牌X是第三个进入这个类别的公司，自这个类别于47年前开发开始。7年内，品牌X收购了前两个竞争对手占领的市场，使其成为全球占主导地位的品牌。在品牌X首次收购之后的5年内，有30多个同类公司开始进入快速增长阶段。第一个10年里，消费者对这些新产品的需求每年增长1倍。品牌X取得了主导地位，主要因为它是该类别中的原始品牌类别之一，拥有最广泛的分销系统，保证他们的产品几乎无处不在，在目标客户中具有很高的品牌认知度。

品牌Y是第二大竞争对手，目前占有15.5%的市场份额。品牌Y之所以能取得当前的位置，主要是通过非常激进的营销和促销技巧。品牌Y在全球广泛利用优惠券和折扣计划，使他们的产品相比其他产品来说更为便宜。

品牌Z和我们的ACME公司并列第3位，市场份额同为12%。品牌Z比排名第2的品牌Y的历史要长久些，品牌Z已经在市场上存在28年，品牌Y在市场上已有20年。品牌Z主要通过大众市场全球折扣连锁店广泛分销，产品线比其他领先品牌便宜，主要从价格上考虑竞争。

ACME公司已有16年历史了。我们公司主要通过积极的市场营销和专注于高品质和工艺的广告实现了排名第3位的销售额。ACME公司在市场上没有提供传统的大折扣和优惠券形式，产品定价与品牌X和品牌Y相同。

品牌在市场竞争者之间的平衡状态还不超过10年。大多数公司更倾向于区域发展而非全国或全球化发展。

虽然在将近二十年的时间里对这些产品的需求迅速增长，但当前市场的需求略有下降，这主要是由于世界上大部分地区经济疲软以及不断变化的消费者需求引起的。

行业业务分析师预测，未来5年内，许多竞争对手将逐渐退出市场。一些品牌将被三大品牌收购，其他品牌将停业。分析师也预测，最终在市场上生存的品牌将不超过12个。

包括ACME公司在内的现有四大品牌，通过改进产品和更引人注目的"购买理由"来巩固他们的地位，以确保自己在市场上继续生存。

注意：这一节的内容很有可能来自市场研究团队或公司的其他营销功能。

为什么这类审查的描述有助于设计师呢？主要是因为这是对于该类产品市场发生了什么，或将要发生什么的任务书总结。其中一个重点是设计师或设计团队可能要离开这个相当大的600亿美元的特定市场。这非常重要，因为它意味着这类产品在消费者中有明显的可见度。显然全球的人们都正在寻找这种产品。

设计师还应该认识到与125个品牌竞争，在这个空间内必定存在着大量的视觉混乱，这意味着必须在视觉上突出，并与所有这些竞争对手"不同"。然而，我们认识到只有4个主要品牌。并且我们还认识到ACME在市场份额中并列第3。这个信号表明ACME需要仔细研究在视觉审查中的这4个品牌。

对设计师来说，很有意义的是这类产品的历史有近半个世纪。其中的龙头品牌已存在47年了。这意味在视觉外观上它有巨大的品牌价值，如果它试图尝试提出一个"全新的面貌"，可能会遭遇到各种困难。ACME也有这个问题。ACME已有25年的历史，同样也具有强大的品牌视觉价值。翻译过来即：如果ACME试图与自己建立的品牌识别大相径庭，则需谨慎行事。

对设计师来说，在这类产品审查中的另一个关键领域是绝大多数的竞争对手相对较新，因此不会被称为领导者。当前此类产品设计领导

者在展现他们自己的高度等方面，比其他竞争对手拥有更多的自由，思维超前、引领前沿甚至更具有"实验性"。

我们还了解到此类产品在市场上排名第1的品牌在传统上一直具有激进性。它已经买断了早期的市场领导者来消除竞争。它不断推进折扣优惠。这意味着它试图通过降价策略保持其位置。它也无处不在！其优越的分销系统确保无论消费者进入哪一家商店，都能找到这个品牌的产品。因此，它很容易找到，也很容易买到。ACME采取的商业策略是一种不打折的办法，传递出自己就是最好的生产商，其产品的价值高于价格。当ACME设计师为重新设计整个产品投资组合而开始开发概念时，这一事实将至关重要。他们的新设计必须贯彻"优秀品质"这一主题。

最后，这类产品的市场构成已基本稳定。不太可能会有许多新品牌进入这个市场；事实上，在未来几年内很多现有的品牌也可能不复存在。ACME公司将最有可能生存下来，因此一定需要考虑一些经典、永恒的设计概念。而新公司可以探索更现代的设计方法，ACME需要确保其新的设计概念不是随波逐流的或只是一时的时髦或时尚。2015年时，ACME绝不能让人说它看起来像一个2003年的品牌，或者说ACME是落伍的。另一方面，ACME确实想让其视觉形象更加现代，同时传递出其已经成熟而且已经存在了很长时间的品牌形象。

所有这些和其他一些可能的要点，都需要设计团队在探索发展概念前讨论。产品类别是复杂的。ACME需要看起来新鲜和现代，但又不追求时髦的形象。反映品牌优越品质的信息必须从所有解决方案中脱颖而出，ACME需要利用其传统，但同时也要更新形象。显然，所有这一切促成了一次大的设计挑战。类别评估是值得花时间深入讨论的！

最有可能的是你公司的市场研究团队或营销团队为你提供大多数类别审查。之后设计任务书团队和设计团队分析类别审查，寻找线索，帮助他们发展最初的概念。

目标客户评价

ACME公司的生产线被认为是住所维护和保养的基本需求。几乎每一个公寓、私人住宅、宾馆、客栈等都有一个或多个这些设备。出于这个原因，目标客户不包括儿童或借住在别人家里的个人。一般来说，会购买或使用该产品的最年轻客户是大学生（18岁以上），他们第一次离开家，有另外的生活空间。这些年轻的个人倾向于购买我们的低价型号，是非常基本的设备。另一类目标客户包括男性和女性，为了维持家政管理，倾向于寻找中等价位或是最昂贵的产品。后一类消费者的平均年龄在24到30岁。作为我们成熟的目标客户，他们将会更多考虑更昂贵的型号，有各种可选项。考虑这种类型的目标客户个人的平均年龄上升至40到60岁。在二十多年前，主要的购买决策者都是女性，而今天，男女都可以被认为是主要的决策者。

我们产品购买者的成熟程度和教育程度是很重要的。我们的特定产品可选择的范围很广，购买者多为超过大学学士的人士。基本产品的购买者来自所有年龄层，更容易吸引希望购买操作简单、有基本性能和价格低的产品的人。

我们的产品线中的专业版本，尤其是非常小的掌上型产品，吸引更多生活在房车或船中的人。这些掌上型产品也很受住在宿舍或工作室、公寓的大学生的喜爱。

另一类必须考虑的目标客户，是那些受聘于维持大的生活空间或办公楼的专业人士。这一类目标客户倾向于更大、更具"产业优势"的产品型号，他们是不考虑初始成本的。

我们的产品系被认为是耐用消费品的产品；因此个人一生中平均只买4个单位产品。市场趋势是人们最初购买基本的、低成本的型号，然后两三次升级到更高级的型号。目标客户的收入水平倾向于每间隔10年增加，从20～30岁的低端推进，每个随后的10年呈平衡状态，直到60岁。老年人（70岁）通常会由于易操作和低成本而重新选择基本型号的产品。

对所有的目标客户分段，消费者最感兴趣的是：易操作、耐久性、总体性能、花费、保障、便捷的维修服务和功能。

年轻的消费者（18～30岁）最感兴趣的是体育活动、与同事的社交活动、观看视频、流行音乐和国内旅行。我们的目标客户年龄在30至50岁的报告显示，其主要兴趣包括：外国旅行、户外活动包括滑雪、水上运动、划船、读书、参加文化活动如剧院和家居装饰项目。50岁以上的消费者倾向于花更多的时间在家里（或在度假别墅）、看电视、阅读和参与社区活动。

注意：本部分还提供了对设计团队大量的有用信息。ACME公司有几种基本产品，从低端型号到"工业级（产品）"和豪华型号。典型的年龄、收入、兴趣、教育水平和对每一级产品线的先进性描述。非常重要的是要记住，这种目标客户的描述总是基于市场研究的平均值。它永远不会是完全的。它更多地意味着作为一个指南。例如，很可能有一个年轻的消费者想要并能负担得起最豪华的产品型号，即使他要放在大学宿舍里。

*　　然而，对于这样的一个项目，设计师有必要讨论每个类型的目标客户所描述的特定典型产品。例如怎样才能——或应该怎样——为每组不同的目标客户进行包装设计？男性和女性购买产品后的评论有什么启示？这是否意味着图形的概念应该是中性化的？为什么是或为什么不是呢？*

*　　讨论的另一个有趣的点是可以从这个目标客户评论中提取基本模型，吸引首次进入市场的年轻消费者和最年长的消费者，他们对市场并不陌生，多年来一直使用产品，这对设计团队意味着什么？产品的各种设计元素（产品本身、包装、销售、附属材料等）是应该更适合于一个年龄段还是其他年龄段？怎样设计才能吸引两组年龄段？这是多大的问题？我们要做些什么呢？我们应该怎样解决这个问题呢？*

*　　这些设计概念的讨论必须由材料提供者，主要是市场营销人员进行，这些人在调研时，头脑中没有进行专门的设计。这变成了战略设计功能的另一个增加值——在大量的市场驱动研究和可得到的事物中提取设计战略。正如我在第3章提到的，这就是为什么在回应目标客户的描述中一个简短的短语，如"20到50岁的女性"对设计团队无用。这些对有意义的战略设计讨论是不能省略的地方。*

公司产品投资组合

　　整个ACME公司产品投资组合包含100个独立的库存单位产品（stock keeping units，SKUs）。这个项目不会涉及任何产品的重新设计。相反，重新设计项目将只专注于包装、附属品销售资料、零售店内展示物品、目录和用户手册。100（库存单位）包括：

　　● **基本产品系列**：一个全尺寸单位产品、一个掌上型单位产品、一个全尺寸商务型单位产品和一个掌上商务型单位产品，总共4种独立产品。这些都是设计精良的基本单位产品，没有多余的装饰、配件或其他选项。

它们都是低售价产品：基本尺寸产品建议零售价为40美元；掌上型产品售价为30美元；耐用全尺寸商务型基本单位产品售价为65美元；掌上商务型产品售价为55美元。

● **中等价位产品系列**：全尺寸产品系列、掌上型产品系列、全尺寸商务型产品系列和掌上商务型产品系列，共计4种独立产品。此外，4个中等价位单位产品中的任何一个有5个可选配件，每个配件单独定价和销售。中等价位可选配件包括共有24个库存单位。整个中等价位线产品都有略好的加工配件。任选配件与基本产品系的任何产品都是不相配的。

中等价位产品系列中全尺寸产品系列零售价为125美元；全尺寸商务型产品系列零售价为175美元；掌上型版本零售价为100美元；掌上商务型版本为140美元。每种产品有5个可选配件，价格30~80美元，根据配件的功能而定。

● **豪华系列**：全尺寸系列、掌上型系列、全尺寸商务系列和掌上商务型系列，这4种独立产品组成豪华型产品。此外，产品系中每个标准产品可得到5个单独的任选配件。豪华产品系列还包括3个可选择的颜色：白色、灰色、蓝色。颜色选项可适用于主要的单位产品及其配件。豪华产品系列由72独立的库存单位产品组成，包括配件和颜色可任选。

豪华系列建议零售价基本款为430美元；商务型为550美元；掌上基本款为375美元；掌上商务型为500美元。配件的价格从80到250美元不等，取决于配件。选择颜色不额外收费。豪华系列的特点是拥有最先进的工程技术，由最高质量的配件构成，任何零件或由于制造导致的缺陷都终身保修，另外有一个皮革储存袋作为主要产品以及配件的标准配备。

ACME公司利用整体的品牌战略，所有产品采用ACME的品牌标识。ACME没有参与任何其他类型产品的生产。ACME公司由股东公开选举产生董事会。在过去的一年里，公司股票价格最高曾升至93美元。最后一季度的股票价格是57美元。

ACME的主要竞争对手提供本质上是同一系列的产品和配件。市场的领导者品牌X提供基本产品的限量版配件，同时极大地促进了其商业产品系向非商业性消费者扩展。品牌Y不提供基本产品系配件；在特定产品促销期间，品牌Y通常为中等价位和豪华特殊产品提供一个或多个免费配件。品牌Z偶尔在短时间内提供较大折扣，如圣诞节前。品牌Z从未提供免费配件，甚至不提供基本产品系的配件。

ACME目前与品牌Z并列第三。每个公司的品牌在市场上占有12%的份额。（有关4个主要竞争者的更多细节请参考类别审查部分。）

ACME公司的业务战略是以提供最高品质、价值和工艺的产品参与市场竞争。公司没有参与价格竞争的考虑。业务策略是基于消费者愿意为优质产品支付更高价格的假设。ACME公司已成立16年。第一个10年是从基本单位开始，通过三级扩张至豪华产品的增长时间段。配件和颜色的选择在7年前被引入。

产品种类快速扩张的时期不久就结束了。企业管理层作出停止扩张产品系列，专注于提高质量、工艺及ACME产品的可靠性的决定。这个决定与ACME公司在市场上的整体竞争经营理念完全一致，即向消费者提供高品质和有价值的产品。

ACME的产品销往世界各地。产品本身设计的微小差异，以及设计销售的附属材料、店内展示物品、目录和用户手册，所有这一切都是为了满足各地区的不同要求。

市场研究表明，ACME的产品系并不总能让消费者清楚地感知到。在产品系的快速扩张期，特别是豪华产品系列的引入，颜色及配件的选择——主要品牌的视觉表现——ACME是无力和分散的。一些消费者抱怨，当他们希望添加可选择配件时，包装令他们混淆。他们总是无法确定一个特定的配件是否符合他们的标准产品和其特定的型号。ACME的三个主要竞争对手宣称他们的配件兼容——并优于——ACME的配件。这些竞争对手在他们的配件包装上经常使用ACME名称并声明，"兼容所有ACME的品牌产品"。这些竞争对手的配件价格远低于ACME的配件。为了减轻这种混淆，ACME公司高级管理层决定重新设计整个产品宣传品（整个产品的文化创意册）、包装、店内展示单位产品，重新设计目录以使消费者快速、轻松地识别"真正的ACME公司产品"。最终目标是确保ACME品牌被消费者立即识别，并确保最高品质的经营理念和价值清楚地传达给全世界不同的目标客户。

注意：该公司产品投资组合部分是最有价值的，因为它清楚地定义项目的广度。在这个例子中，设计团队能够简洁地传达哪些部件将被重新设计，每个产品的描述、竞争产品系列的组成，以及ACME和其竞争对手采用的营销和促销技术。这一节还进一步解释了ACME的管理哲学和经营策略。

一个设计团队开会讨论这份任务书无疑是想制作一张大图表。在其水平方向顶部，我建议重新设计组件：销售说明书、店内展示、目录、包装和用户手册。沿垂直轴，我会列出100个被描述的库存单位。这个任务图表中的每一项都要讨论。如果第一个库存单位垂直栏中列出的是全尺寸基本款产品，第一列水平栏的标题为"销售说明书"，现在研究小组将对一个侧重点进行讨论。我将列出ACME公司全尺寸基本款产品的目前销售资料，再列出其他三个竞争对手的基本款产品的销售资料。我会继续以同样的方式列出每个库存单位和每个类别重新设计的项目。你可以看到这将花费很长时间，但与此同时，它至关重要！

结果将是一个巨大的矩阵，将清楚地表明总体工作的范围，您需要视觉审计的材料组、公司优势和薄弱区域。在考虑整体设计策略之前，你真的需要做一些这样的练习。这个项目可以被认为是一个巨大的拼图游戏。你需要整合所有的碎片，然后试着以连贯和逻辑的方式解开这个谜。

这种类型的过程对创建关于描述、时间线和每个阶段的预算等方面的细节都是至关重要的。

如果这个特定的项目仅被描述成只用一个层次来重新设计，例如豪华层的产品，你无论如何都会想要做这个完整的练习，如果不了解这些产品是否符合公司的投资组合，那么重新设计一个产品或设计一组产品是没有意义的。

现在有一些好消息！为什么不现在开始开发属于自己设计团队的公司产品投资组合图呢？为什么要等待一个项目到来？我知道有几家公司的设计团队已经把这项工作作为日常事务了，这些设计团队告诉我，仅仅是进行这家公司的投资组合图表设计，对新产品介绍和其他产品的淘汰保持更新，就已经对他们的设计工作发挥着巨大的作用。

一家财富50强公司为这类活动搭建了一间特殊房间。整面墙壁都是产品案例或照片以及各产品的视觉支撑材料，主要竞争材料是自己素材的综合。然而随着这个房间知名度的传播，公司所有职能部门的人员都来参观它的陈列。营销和销售人员们说这是他们见过最有用的公司简介。首席执行官欣喜若狂。这是一个使设计部门获得公司内部认可的好办法，同时也节省了大量开发设计任务书内容的时间！

业务目标和设计策略

业务目标	设计策略
恢复视觉凝聚力,明确公司产品投资组合,以提升消费者的品牌认知度	开发一个独特的网格系统,在所有三个层次中一致使用每个应用程序
	开发一个标准排版系统,每个应用程序都可以使用
	开发一个调色板,所有产品都可以使用。探讨为每一层次产品的具体颜色编码的概念
	探讨概念,利用各种形式的图像定义产品(如摄影、插图和包括人们使用该产品图像的概念,以及产品特色的概念)
确保ACME 公司的产品在视觉上明确区分于所有竞争对手	审核所有主要竞争对手所使用的特定视觉元素和风格
	开发独特的不同于所有竞争对手的设计理念,同时还要传递"优质"概念
提高市场份额和底线	开发设计理念,实现让所有产品都能被立即识别为ACME的品牌产品,使每一层次对特定目标受众有吸引力,有力地强化优质和有价值等主要信息
通过维护公司品牌标识标准,提高在ACME中的股本	开发设计概念,显著和持续展示企业标志,贯穿整个产品线
	建立品牌传统,不以任何方式改变品牌的标志,利用品牌标志的当代物质环境,允许品牌出现更多当代元素
建立新产品的设计准则,当市场复苏时,使未来新产品有添加到公司产品投资组合中的可能性	开发设计理念,代表当前时尚或设计的趋势。追求更"经典"的设计理念,不以"老式"或过时的方法出现
	确定什么类型的新产品可以预期,以及这些新产品可能的目标客户
	开发设计一个至少可以维持10年的住宅风格指南
明确区分价值层: ● 基本 ● 基本的商用/低端 ● 中等价位 ● 豪华型号	开发概念,在整个公司的产品投资组合中维护一个有凝聚力的视觉外观品牌,但仍然允许使用各种单独的图形设计为每个价值层服务

注意:设计策略没有特别列出任何特定的设计元素或概念,而这一节简单

地列出了这些业务目标，公司觉得这些目标对这个项目的结果至关重要，并要确保有一个任何人都认同的设计策略。如第3章中所述，当开始用文字描述发展概念时，这些设计策略可能会被改变。没关系，这只是一个起点。业务目标也可能改变，通常，这需要添加更多的业务目标形式，而不是删除它们。如果添加一个业务目标，它将更有可能改变一些最初的设计策略。

然而，目标变化尽量最小化，或可能的话尽量不变。设计策略应该同设计团队，包括写设计任务书初稿的人一起讨论。作为你的设计团队的一种训练，把商业目标列入表中，看看你自己的设计团队可能提出什么样的设计策略。很可能被提出来的策略与本例中的不一样。

项目范围、时间计划和预算

注意：在接下来的例子中，设计小组被假设为内部公司的设计团队，由公司资助。所有设计人员都是支薪雇员，因此这个项目没有按劳动（时间）预算分配给设计人员报酬。领薪员工一般没有加班费。在大多数情况下，集中投资集团的员工工资和福利开销计入具体的设计项目中。如果该项目由外部设计公司执行，或由内部设计小组通过员工收费系统计时操作，那么员工的开销必须计入项目成本。

▲ 阶段1——这一阶段将包括对公司现有的产品投资组合的专业综合视觉审计，以及三大竞争对手的产品投资组合视觉审计。还将包含：

● 将ACME公司目录、单位产品销售附录说明书，目前店内展示的单位产品、包装、用户手册和产品等材料装订成册。

● 将品牌X、Y和Z的材料装订成册。[1]

● 设计团队对列出的所有材料进行视觉审计。这个活动大概需要5个工作日（40小时）完成。战略设计经理和4位设计师（名称应该列出）将进行初步审计。因为我们的资金结构以及所有素材现在都已得到，所以项目活动是没有直接费用的。

● 战略设计团队应当准备一份书面的审计调查结果报告。本报

[1]注：企业战略设计小组已经从ACME公司和竞争对手那里通过常规收集得到了所有这些材料。因此，收集材料需要的时间很少。

116

告特别应该包含审计结果如何与项目的既定业务目标相关联的详细信息，以及品牌X、品牌Y和品牌Z在设计元素运用方面明显的优势和劣势。

战略设计经理（<u>姓名</u>）和项目团队的首席设计师，（<u>姓名</u>），应当据设计审计结果编制文档，这个审计报告需要3个工作日筹备。这份项目发展报告没有预算，因为设计功能是集中投资实现的。

● 复印件和电子版的报告应当分发给整个设计团队、设计任务书项目团队，以及所有之前被认定的项目利益相关者和项目每个阶段被登记的所有审批人员。完成的视觉审计报告也应当成为本设计任务书的附录部分。

用于可视化审计的材料应当由战略设计团队保存，并要提供给公司内任何希望复审材料的人员。副本的成本、分发（文档邮资和由ACME公司商定的分销公司处理）及材料保存费用将达到600美元。分销公司需要两个工作日进行复制和分发报告。

● 视觉审计报告将通过项目合伙人（之前确认为营销副总裁）、销售副总裁、国际营销总监，以及整个设计任务书项目设计团队（姓名）审查。分发报告的6个工作日之后，这些人员还会安排参加一次会议，将审查他们的评论和问题。此次会议结束时，设计任务书的项目团队将认同视觉审计文件。

● 本阶段的时间安排为17个业务工作日（包含由关键利益相关者个别审阅的6个业务工作日），这个阶段的总预算费用为600美元。

▲ 阶段2——最多开发6个创意设计来满足业务目标的概念。作为一个团队工作，4个来自战略设计团队的设计师根据战略设计经理的总体方向，将最多开发6个创意概念展示给设计概览的项目团队审核。超过6个创意概念将作为创新设计概念将要探索，但只选择6个进行展示。被选择的概念将包括业务目标、设计策略和视觉审计结果。

设计团队需要6周的时间对将展示的6个设计概念开发和细化。外部物资和材料供应商的费用将不超过5万美元。这些外部费用的典型例子包括摄影、模型制作（店内展示产品）、平面设计工作者的日常用品、旅行、住宿和设计人员可能产生的出差现金补贴。

在概念开发阶段通常要咨询关键利益相关者，他们包括销售、营销、法律、各种全球地理位置、市场研究、外部供应商印刷、展示制作、包装工作和制造等各方代表们。

在这个初始概念开发阶段的结论中，设计团队应将6个概念呈现给整个设计任务书项目团队并取得认可。一旦设计任务书项目团队获得批准，我们就将进入下一阶段。

第二阶段需要6周时间用于概念开发和1周时间用于设计任务书项目团队讨论和统一意见。第二阶段总时间是7个星期，总预算是5万美元。

▲ 阶段3 ——用目标客户测试所有的概念。6个已批准的设计概念PDF文件将被发送到所有地区和区域的销售和营销高管那里。当进行实际操作时，单位产品的模型也将发送给代表们。每个代表将被要求将所有6个概念至少展示给来自每一级别产品的目标客户中的5人。不得给目标客户透露信息。只能问他们："你对这些设计处理感觉如何？"

语言反应都是必需的。这些应该被记录在每次采访录音里。对每个目标客户的采访不应超过15或20分钟，目的是获得目标客户对每个设计理念作出的即刻反应。书面和录音记录的反应应该发送到战略设计总监（<u>姓名和地址</u>）那里。公司代表有3周时间完成这些采访。这些测试结果将被添加到这套设计任务书的附录中。

第三阶段占了总时间的4周：1周时间用于分发资料，3周时间用于采访。本阶段影印和配送资料的费用为5 000美元。

▲ 阶段4 ——选择3个概念，进一步细化每个阶段。重新向目标客户测试这3个概念。基于全球目标客户对最初6个设计概念的测试，设计任务书的项目团队与设计团队合作，将会进一步优化选择3个设计概念。设计团队将需要3个星期改进这个过程。进一步细化过程的成本将达到35 000美元。这项预算将包含在第二阶段中提到的相同项目类别中。

提炼最初的3个设计理念，将用在第三阶段中描述的相同方法测试。再一次说明，测试过程需要4周时间和5 000美元的总预算。

这些测试结果记录也将被添加到设计任务书的附件中。

第四阶段的总时间需要7周，总预算将达40 000美元。

▲　阶段5——选择概念，充分开发并执行最终测试。第四阶段设计概念测试的结果将由设计任务书项目团队和设计团队分析与讨论。一个概念的最终开发和最终报告将被高级管理人员批准。设计团队的4个成员将合作产生综合的设计方案模型。

除了设计任务书团队之外的关键利益相关者也会参与第五阶段的工作，包括：

- 法律部门最后的法律审查
- 全球每个主要地区的市场营销代表
- 采购代表
- 所有制造或生产项目组件的外部供应商
- 所有主要地区的销售代表
- 企业分销功能代表
- 项目最终财务分析代表

除了全面开发设计团队选择的设计理念，每位关键利益相关者还将负责起草一份从功能角度思考的书面项目实施计划：

- 销售和营销部将开发内部和外部的交流计划
- 采购部门将开始准备供应商投标的过程和中标合同
- 法律部门将准备一份与任何法律问题相关的书面意见
- 分销商将准备一个最后的计划，一旦新材料可用，即刻取代现有分销系统的材料
- 金融部门将为项目准备一个完整的财务报告，提交给高级管理层最终批准

第五阶段需要8周才能完成。最终设计开发过程预算为10万美元。最后开发设计方案作结论时，将由一个外部测试机构邀请全球范围内的目标客户对方案进行专业测试。测试机构用4周进行测试并准备测试结果报告。外部测试设置的预算为10万美元。第五阶段的整个时间框架是12周。包括测试成本的总预算 200 000美

元。外部机构测试结果的概要将被添加到设计任务书的附录中。

在第五阶段的结论中，设计团队、外部测试机构和整个设计任务书的项目团队应正式开会批准设计方案。这次会议将被安排成全天会议。所有设计任务书项目团队成员应提前1周发送设计方案的PDF文件、测试结果和关键利益相关者所提出的所有正式的书面计划。这将使设计任务书项目团队带着对于这个计划的实质性内容参加最终审批会议，并成为团队之前选择的最终设计方案获批的商业论据。

▲ 阶段6——开发审批报告。项目的共同所有者应负责准备一份高级管理层批准的报告，并于（日期和时间）向（姓名）展示这份报告。设计团队将为这份批准报告准备所有视觉材料。将在最终审批报告作汇报的1周前向最终审批者呈送包括设计任务书和关键利益相关者提交的所有报告。

项目的共同所有者需要两周的时间准备这个审批报告的展示。开发和制作审批报告的预算是8 000美元。

▲ 阶段7——实施已批准的设计方案。为了在短时间内实施获批的整个项目中新的设计理念，将成立设计任务书项目团队的附属委员会以推进执行计划。

这个计划应包括快速结算当前销售材料的附属印刷品、产品目录、用户手册和包装等具体说明；也将包括消费者沟通计划、新品发布以及首次展示的营销计划；还将包括不同地区不同需求变化的说明。实施计划应成为高级管理层最终批准的报告中不可分割的一部分。这个详细的实施计划将同在阶段6中所描述的最终审批报告一起进行研究（总时间为两周）。由于公司的各个部门都是单独实施计划中的一部分，所以这一活动没有分配预算。

目标是在一个业务季度（3个月）内实现在全球范围内实施公司新产品投资组合的设计方案。根据新材料的制造与配送，以及当前所有工件处置的情况，预计成本为100万美元。

▲ 阶段8——开发测量指标。根据规定和已批准的项目业务目标，测量指标已被设计任务书项目团队（公司名称）开发出来。合同规定通过电话进行全球典型客户的月度调查。每个月将与

1 200位客户及潜在客户联系。

这些调查将持续两年。每个月的调查结果将提供给设计任务书项目团队和ACME高级管理层。

这些调查测量出标准群体对设计问题的反应，以确定：对ACME品牌和品牌X、品牌Y、品牌Z的独立意识；作为上面提到的竞争对手以及ACME公司提出的问卷，回忆和理解购买产品的关键信息和理由；对每种产品偏爱的可能性。测试的完整问卷和具体细节将在设计任务书附件中描述。主要结论将解决以下问题：

- 目标客户对ACME品牌每个产品系列、层次清楚吗？
- 认识和了解ACME品牌的目标受众占百分之几？
- 消费者如何区分市场产品中的四大品牌？
- 消费者能够通过视觉手段轻松识别不同价值的产品吗？
- 每个被调查者需要多长时间了解ACME品牌？
- 被调查者对于ACME品牌的意见在过去一年有无任何改变？

ACME的金融集团和股东投资者将继续跟踪全球每月销售和收入的结果及股票价格的变化。然而，同样在这两年的时间里，这些结果也将纳入公司月度产品投资组合，重新设计项目测量报告。

产品研发团队为了这个项目的开发，将密切监控已批准的未来新产品的设计标准和指导方针。新标准和指导方针的任何元素变得难以融合都会立即引起战略设计经理的注意，设计任务书项目团队将继续每月与高级管理层的代表开会，讨论和评估这些月度报告。

完成这个项目需要的总时间为34.5周（8.6个月），总预算为303 600美元。在全球范围内实施将耗资100万美元。

注意：现在的情况是你已拥有一个完整的线路图，这部分也是一个有用的项目跟踪设备，一个各方之间的正式协议，一个向非设计伙伴解释的工具和一个用来证明设计是一个复杂战略过程的了不起的工具。

这个例子是基于任何一个公司的主要活动——完全重新设计整个公司的产品投资配置。因此，对你来说成本无疑非常高，高级管理者

也会觉得它看起来成本很高！但是，通过分阶段来细化这些活动及其成本，成员们就很难不同意这些数字。什么活动能让高级管理者可能放弃一个如此高风险，但足以使它在同类公司中最终生存的项目，这也许会让你觉得有趣，如果包含设计劳动的价格因素，想想这个项目的成本。这也是我强烈主张公司内部设计团体集中预算资金的另一个原因。对公司来说，每个员工全年只做一个或两个大项目，或者是100个小项目，成本是相同的。当然，小项目的描述将与这个例子非常不同。再次提醒，这就是为什么我一直说每个设计任务书将是唯一的，它必须是一个特定的公司为一个特定的项目开发。我选择这个例子，因为我想囊括前面讨论过的各种各样的问题。

我还想指出设计团队可以提供的效率，如果你经常研究竞争材料和自己建立一个公司产品投资组合的基础材料。最终它将为你节省大量的时间，并且你的团队会给集团高级管理者留下非常深刻的印象。

我怀疑许多读者会认为在设计任务书中有多得可怕的测试要求。他们会告诉我，他们的管理层不允许用所有的时间和金钱来进行测试。原因我已经在这本书中前面介绍过，测试将让一个公司及其设计团队（无论是内部或外部）知道他们是否在正确的轨道上。在我的职业生涯中，当测试工作遇到阻力时，我建议问高级管理我们实现一个新设计需要多少时间，花多少钱，如果目标客户反应消极，我们会花时间和金钱再做一遍吗？通常他们不得不同意，尤其是像这个例子一样高度引人注目的项目。如果要求你做一个风险相当低的项目，你可能不会有时间和金钱去做如此广泛的测试。在这样的情况下，如前所述，我只会做我自己的非正式测试。我将亲自拜访在公司销售人员的日常销售电话中的十几位客户，自己从客户那儿获得一些反馈。不管怎样，我需要一些目标用户的反馈。

研究数据

该项目缺失的主要数据包括一个研发预测新产品开发的类型。他们介绍的大概时间、市场分析和对这些新产品的目标客户的统计和描述。这一信息对设计标准、方针、原则及未来的新产品策略都至关重要，设计团队无法在没有这个数据的情况下制订一个全面的计划。

来自研发部门的（姓名）和来自市场研究团队的（姓名）将不迟于（日期）负责提供该数据给战略设计经理（姓名）。此外，金融团队将基于设计任务书的成本预算对整个项目做一份成本收益分析报告。这份报告将由（<u>姓名</u>）最迟提前4周准备，提交给设计任务书团队，并于同一日期提交给最终审批者（<u>姓名</u>）。

注意：摘录中确实没有大量研究数据缺失。正如在第3章提到的，很多时候没有数据缺失：在这些情况下，这部分可能会被删除。

　　设计任务书的这一案例不包括我在项目概括和背景中提到的许多新产品的标准和规范。这是因为重要的研究数据缺失，但这并不意味着该项目不能开始。它只是意味着大约三分之一的不同阶段的数据对完成项目将是必要的。提供数据的人已确定，日期也已确定。所有准备工作已完成。如果需要的数据没有及时提供，设计任务书会以文字记录。这样就会消除"如果你能早一点告诉我你需要这个信息……"这样的老借口。

　　最后，我们来谈谈成本效益分析。在一份设计任务书获批之前，成本只是预估的，很有可能成本被估算少了！现在设计任务书团队知道了项目的实际成本，会确信这次投资是明智的。此外，这个财务分析将极大地有助于你准备提交的审批报告，且在新设计方案实施后的测量过程中也大有用处。提醒现在的最终审批人在策略上是正确的。你不会希望参加最终审批的人被巨大的金额吓晕，问道："这花了多少钱？"如果有问题，最好在现在公开，以免走得太远。

附　录

附录将在新材料完成后每周更新一次。内容包括：

- ACME公司，以及品牌X、品牌Y、品牌Z的产品投资组合的视觉审计报告。
- 阶段3全球概念测试的结果。
- 阶段4全球概念测试的结果。
- 用于推荐最终设计方案全球测试的外部测试机构的执行委员会摘要。
- 最终提交的审批报告文本。
- 如阶段7中描述的项目实施计划的书面副本和由公司各部门批准的文本。
- 企业金融团队的项目成本效益分析报告。

- 研发新产品开发计划的副本。
- 市场研究新产品的市场分析和目标客户人数统计数据的副本。
- 测量标准问卷调查，加上每月的执行总结报告。
- 设计团队最初探索的所有主要概念的PDF文件。
- 竞争的材料和数据。

注意：如前所述，附录成了一个不适合其他地方的"材料"的集合。整个设计任务书，包括所有在附录中的材料，将成为未来项目有价值的档案材料。你的每一步研发使一份完美设计任务书的制作变得容易和快速。通常一个项目的材料对另一个项目是绝对必要的。为什么要白费力气重新制作新的呢？将你的设计任务书存档吧。

12 预测及克服困难

由于我的设计任务书教学方法和对设计功能的定位从服务组织转移到战略业务能力核心地位，我知道设计师和设计经理们被看到的不可逾越的障碍吓倒。大多数人告诉我，他们很想要直截了当地作为一个平等伙伴、合伙人担负责任和一种关键的战略资源，但在他们的公司文化中将永远不会发生！这里有太多的障碍。是的，你当然会遇到障碍。在生活中几乎我们所做的每件事都有障碍。让我们看看我们是否能解决这些障碍，而不是搓搓手说无法进行下去。

意外障碍是计划失败的一个最重要原因。每一个设计师或设计经理，如果想要建立一个计划来改进他们的功能，都应该着重强调在可预见障碍出现之前制订战略计划来解决它们。

两种类型的障碍

传统观念中阻碍进程的障碍可以描述为两大类：个人障碍和环境障碍/技术障碍。

个人障碍

一些个人的障碍包括：

- 恐惧失败
- 害怕权威人士
- 害怕决策问责
- 对改变的低容忍度
- 规避风险
- 缺乏特定的业务知识或培训
- 缺乏经验
- 缺乏建设性的反馈和支持感受力
- 缺乏个人动力或野心

- 不擅长在小组面前清楚地表达
- 拖延
- 优先权的困惑
- 对"灭火"的反应

你不认为以上是很严肃的列表吗？事实上每个人都或多或少对以上列表中的某些情况或缺乏，或恐惧。诚实地承认它们对自己来说很重要，因为这些障碍是可以改变或处理的，你可以使它们无效、避免它们，或与之保持距离。

但是克服个人障碍是困难的，因为要克服它们通常要求你改变习惯和你舒适的行为方式。此外，许多设计经理和设计师从来没有真正面对他们的个人怪癖。许多人对别人如何看待自己有各种错误观念。

你是否还记得在我的实践中要求每位与会者列出他们对自己的看法，并列出他们认为别人对自己的看法，这二者总是差别万千。人们看自己的镜头大多与他人看自己的镜头不同。这样做是对你个人障碍长期而艰苦的思考，这是至关重要的，之后你会从你遇到的人中寻求反馈（尽管我知道这有风险！）。

我在吉列公司的时候，公司聘请了一位顾问帮助集团经理解决这种困境。这个顾问研发出一种表格，分发给所有员工以及我们每天接触的外部特殊部门的个人。表格要求这些人回答关于每位经理的许多问题，包括讲述区域及一般评论。这些表格完成时，顾问分析整理了结果，然后与小组经理一对一地评论了结果。

顾问对每个评论者的身份都是保密的。无论是他的分析结果或者特定评论的来源，顾问都不会告诉给公司的高层管理，因此，这些材料不会进入任何一个员工的档案。顾问的唯一目的是向小组经理提供他们的员工和其他同事是如何看待他们的。退一步说，这是个赤裸裸的揭露过程。

起初，我对这种做法有点怕，我认为每个人都害怕。但是，在这个过程中顾问是专业的，他很快就消除了我们的恐惧。我意识到我的一些行为和实践可以改善，它不是在说明我是悲惨的失败者，只是我在做的一些事情妨碍我成为真正想要成为的经理。

顾问提供了非常积极的建议方法，帮助我克服阻碍我成功的障碍。关键是要开发一个个人改进计划。我真的要说，这个过程是我职业生涯中最有益的练习之一。它让我暂停下来重新考虑我的一些日常工作情况。这让我意识到我可以改进的地方。它也是我强烈相信制订个人计划的基础——我将在第13章中详细介绍。

我建议许多设计经理尝试这种练习，他们也积极回应。相对简单而实惠的方法是开发你自己的一套问题，把它们分发给你的员工和同行，并要求他们回应——当然是匿名。这可能是确定什么是真正阻碍你成功的个人特定障碍的最快方式，然后针对这些障碍去做一些事。

环境障碍

另一方面，环境/技术的这些障碍是你似乎很少或根本不能控制的。它们来自组织中的其他人，来自公司的文化，甚至来自公司外面的世界。这个列表可以很长，但我所遇到最常见的环境/技术障碍包括：

- 缺乏时间
- 缺乏预算
- 缺乏员工支持
- 缺乏设备
- 商业条件 / 气候
- 竞争压力或劣势
- 缺乏足够的物质空间来做你的工作
- 其他人的个人障碍

这些环境/技术障碍，结合你自己的障碍，经常令人幻想想有任何改善似乎都是不可能的。

处理障碍

处理一个障碍最好的方法是正面面对它，无论是个人障碍，还是环境/技术障碍。坐下来，列出所有这些明显阻碍你成功的障碍。详细描述你的个人障碍，然后列出你的环境/技术障碍。对照你列表上的每一项问问你自己，如果障碍不除会发生什么？这个障碍包括哪些人、哪些资源，涉及哪些时间问题和压力？可以消除这个障碍吗？怎么做？可以使这个障碍无效吗？怎么做？可以改变或修改我的计划或时间而绕过这个障碍吗？如何做？这个障碍有多严重——真的有那么严重吗？为了克服这个障碍需要耗费的时间和努力值得吗？什么新行为将有助于克服这一障碍？从别人那儿我能得到什么样的帮助？我怎样得到帮助？要花多长时间来克服这个障碍呢？

列出你的障碍，然后问自己这些问题，至少会帮助你专注于寻找解决方案，而不只是说："这难道不可怕吗？"这个过程也应该帮助你确切地意识到究竟是什么妨碍你的成功。

可能产生的结果有几种。你能消除障碍、使它无效、绕过去或者与它共存！我将是第一个承认有时候你必须学会忍受它的人。例如，我曾与一个公司合作，经历过一场毁灭性的火灾。总部大楼的大部分被夷为平地。员工的临时办公室建在城市周围的其他地方，而总部又在重建。设计团队失去了所有的设备和文件。目前正在进行的项目必须重新开始。管理层表示截止日期是不能改变的。当然这是一个技术障碍，一段时间内设计团队被迫忍受它，除了面对这个问题真的没有其他可以做的，我们没日没夜地工作，试图回到正轨。

设计人员中有几个成员将主要工作放在推迟正在进行项目的截止日期上。经理很明智地意识到这不是一个好办法。公司其他人面临着同样的困境，并努力按时间表上的时间完成。设计团队成员抱怨说，他们的需求是独一无二的，因此他们需要特殊对待。这不会让他们看起来像商业伙伴，这只会加强他们只是一个服务小组的想法。在近一年时间里我们有着巨大的压力。这是一个设计团队不得不忍受阻碍的例子。

另一方面，我知道的另一个情况是设计团队根本没有足够的空间来有效地完成他们的工作量。设计经理再三请求给他们更大的空间，但都被拒绝了。每平方英尺的成本高得离谱——至少，这就是金融人士说的。设计经理改变了他的策略，因为空间限制而推行每平方英尺增加营收的政策。设计经理能够证明增加部分销售和市场杂务直接关系到设计活动的结果。通过使用这个论据，设计经理能够有效地联系到增加收入所需的设施，通过设计功能来产生这些收入。他们最后得到了额外的空间。

个人障碍有必要经常寻求来自外界公司的帮助。大多数人力资源部门都知道，各种各样的职业发展规划可以帮助人们提高他们的个人技能、行为模式和能力。我看过成百上千个例子，设计经理要么能够提高表达能力和谈判技巧，要么能克服害羞和不积极主动，他们都利用外部资源来帮助他们解决这些问题。

最重要的是确定你所有无论是真实的、想象的，还是潜在的障碍，分析它们，并开发一个良好的计划来处理它们。除非你采取一些积极的措施来让情况更好，否则事情永远不会好转。

13 制订一个向前推进的计划

假设你不完全满意现状，并假设为了核心地位及战略业务伙伴关系，你认真提升你在组织中的设计功能，那么你将不得不制订一个全面的计划来实现你的目标。只是希望得到这个计划或想它，起不了作用。你需要仔细从战略角度制订一个行动计划，使你达到你的目标。

你甚至可能需要制订两个计划：自己的改进计划和为你的设计成员制订的团队计划。这两个活动的技巧真的是相同的。准备一个笔记本，开始设计一份书面计划。

第一步

要做的第一件事就是确定你对公司的真实附加值（回顾第7章和在第9章中的设计经理评论）。这应该是你的个人、附加值和设计团队对业务增加的价值。在笔记本上写下你的价值陈述。

在第7章中，我提出了各种各样的技术来帮助你开始。此时，在制作一份实际的书面计划时，尝试给前面提到的技术增加多一点的练习。列出成功和失败——你个人的和你团队的。从这个练习中学习到的关键是完全对自己坦诚。写下你们训练的方法，并回顾你过去的成功和错误，将帮助你确定你需要专注的领域或改善你的管理风格及你团队的执行状况。确保你列表上取得的成就对业务有意义，简单地说"我们从未超过最后期限"是不够的！企业经营者理所当然会期待你会按时间、按预算、按目标完成任务。这就是他们会在第一时间支付你报酬的原因。这不是真正的成就，这是赠予的。相反，成就会让活动更加有效。成就是你做的事会使企业的战略目标真正向前推进。成就可以用一种方式衡量，也可以用另一种方式衡量。

认识错误也很重要。如果某件事错了，为什么会出错？你怎么做才会让这件事不出错？你为什么没有做？

几年前，我参加了在阿姆斯特丹举行的DMI欧洲会议。在许多优秀的演讲者中，有一位是美国陆军。没错，陆军！这个军官是军队的训练专家，他描述了一个我认为是设计团体无处不在的体验，在每个训练的最后（以及实战的情况下），所有的参与者都将出席一个汇报会议。他解释说，这一活动一发生，每一个士兵的大脑中都有清楚鲜活的细节，他们会讨论什么进展顺利，什么进展不顺利。他们会探索二者的原因。为什么一个特定的操作对他们的工作有利？他们怎么做才能使操作更成功？有哪些意外事件出现？他们如何应对这些事件的挑战？失误是怎么造成的？为什么？

我相信这种技术对设计团体非常有价值，完成一个主要的设计项目（和审批）后，立即集中设计团队进行这样的讨论，会议一定要包括你设计任务书的合伙人。记下笔记，并让这些笔记成为你持续改进行动计划的一部分，特别关注那些没有达到你预期的项目。然后在你的笔记本上制订一个计划，以确保下一个项目将充分解决这些问题。

经历这个过程之后，您应该能清楚地认识到需要集中力量去工作的区域，以及需要在阐述表达中强调能体现设计作为核心业务竞争力的附加值的领域。

标准公式

标准（PAR）公式已经存在了几十年，我真的不记得第一次了解它是在哪里，但我知道，我用了二十多年来帮我解决各种要改进的行动计划，这真的很简单。

"P"代表一个你需要面对并作出独特行动的问题。"A"是你为解决问题而采取的行动。"R"是你获得的结果。

回顾一下你当设计师或设计经理的这些年。你可能会想起你特别引以为傲的活动或事件的一些例子，也可能会想起一些不好的经历。你为之骄傲的那些事是你的成就，重要的是这些成就总结了你现在的技能，你解决问题的能力和你积极参与行动的能力，一些例子可以帮助你开始：

- 你已改进业务工作流程，并制订一个成功的实施计划。
- 你找到有意义的方式来缩短或改进设计过程周期。
- 你发现一个严重的问题，并采取了积极的行动来解决。
- 你制订的设计方案提高了市场份额、竞争优势、盈亏结算线等。

这个练习对改进计划非常有意义。另外，在你的笔记本里记下这些东西，你将能够开始理解过去你所采取的行动哪些产生积极的结果，哪些行为常常导致负面的结果。这个过程涉及我刚才提到的汇报会议。出现问题时你采取了什么行动？这些行动的结果是什么？如果你不把这些事情写下来，认真审视列表，毫无疑问你从未真正面对需要改进的领域。

发挥你的优势，制订一份需要解决问题的列表。现在使用日历来设置日期——按时完成它——通过你将采取的行动列表日期来消除或克服你的缺点。所有行动的关键是我将描述行动设置的日期。如果你不设定具体的日期，你的计划永远不起作用。说"某天我真的会去完成它"是很容易的。相信我，只是这样的话你不可能完成。

我要承认，我个人的障碍之一是我有拖延倾向。对自己说"我下周会完成它"是很容易的。然后在下周，我将找到另一个非常理性的理由把活动推迟更长的一段时间。最好不要对像我这样的人说："我在春天的某个时候需要它。"你不会得到它，直到夏季第一天的午夜！我能够克服这个个人障碍的唯一方法，可以肯定的是要设置确切的行动项目完工或交付的日期。对我来说，在我日历上的一个确切的日期迫使我有效地计划我的时间，我可以肯定你们当中有许多人都是用同样的方法去处理事情的。

一个伟大的计划必须是特别的

再回到第7章，对模式的每个部分做同样的各种事情，得到一个组织图表并确定在公司的每个功能中设计的作用。设置一个在这些功能中与人们联系的日期，提供并交流他们的设计问题。提前计划你能提供什么样的帮助，把这一切写在你的笔记本上！不断关注设计对他们的需求和公司的需求。记得约翰·泰森在一次会议上说："我在这里投资你的未来。"永远不要带着你的问题列表去参加这种会议，"他们"并不真的在乎你的问题。

同样的，当你开发设计的使用和需求功能以及与功能相联的列表时，尤其是开始开发每个功能时，你需要培养共同价值关系的个人列表。你将如何见到他们？一个冰冷的电话吗？你应该让别人介绍你吗？谁是那个人？一如既往，为这些活动设置真正的截止日期——在这些截止日期内完成该做的事。

找"正确"的人

至关重要的是开发可以帮助你获得明显信誉和信任的组织内部人员网络。你如何找到这些人并跟他们进行有意义的接触？下面的建议将帮助你开始：

- 使用组织结构图获取名单。
- 做一些研究，找出设计问题中真正的利益相关者。
- 确定他们是否有与你的设计功能相关的任何前期经验。是积极的还是消极的？为什么？
- 考虑那些他们很可能短期和长期面对的设计问题。
- 找出谁是他们的导师、朋友、盟友和批评者。
- 最后制订计划与他们会面。

在你准备与这些人第一次会面前准备问题，这些问题要显示出你对公司的业务和其特定的业务问题很了解，多问问题。

不要试图"卖出"设计或设计功能。相反，关注你如何能有效地与你的同事合作，为他或她的成功有所贡献。第一次会见每个人后，应该建设一个后续会议，在会上你可以提出一些想法，怎样的设计可以帮助解决他或她的一些业务问题，并具体地说，你的设计团队可以怎样与他或她一起来解决这些问题。这也是一个好主意，邀请他或她访问你的工作室。为下次会晤安排一个确切的日期和时间。不要简单地说"我们还会再见"。相反，你应该说："我们（日期/时间）再见，和你一起审阅一份确定计划"。通过备忘录、电子邮件、报告或其他书面文件来跟踪这些会议也是一个好主意。重要的是，要培养这些新的关系。

障碍计划……

成功解决列表中的障碍，争取早日取得成功，制订具体计划（再次提醒，具体日期）是克服这些障碍最有效的方式，在创建这些计划时将你的全体职员包括进来，这真的应该是一个组织的努力。

行动计划的格式

"行动计划"的格式同设计它们的管理大师们一样多。所有这些格式在我看来都是同样有效的——如果它们适合你的话，你的个人计划的格式是个人的。如果它适合你，这是一个很好的格式。具体行动的重要标准，就是你要达到你的目标，优先考虑这个包括每个项目完成日期的列表。注意你要实现的每一个目标需要采取的具体步骤，并设计出一种方法来测量进展。最重要的是坚持你的计划。

几个典型的目标计划包括：

- 让你和你的设计功能的价值获得公司肯定
- 成为公认的设计专家
- 成为业务中的一个重要贡献者，而不是"艺术家"
- 对业务成功至关重要
- 成为一个战略业务合作伙伴

我曾经和几个设计团队工作过。在他们的公司，确实花了时间创建一个"重启"设计功能的计划，但后来这个小心翼翼提出的计划放弃了，因为它的工作量特别重。不要做这样的事，发展一个计划然后坚持这个计划，是实现设计功能的目标是唯一途径。

负责设计功能的经理在这一过程中承担起领导作用。许多年前，当我第一次管理一个小公司的设计团队，我相信我不仅可以管理团队，而且自己还可做一些设计项目。当时，这似乎是两全其美的。不幸的是，当我开始意识到做一个设计经理意味着什么时，我也不得不面对现实，我没有时间去做自己的设计工作。这是一个艰难的决定。我了解的所有真正伟大的、成功的设计经理多年来都面临着同样的现实。设计经理必须有时间管理和领导，这将意味着你没有时间来完成你自己的设计项目，这是值得的深思的。在公司里如果你想要设计成为一个卓越中心，一个有价值和被信任的伙伴和一个整体成功业务的战略贡献者，那么设计功能需要，也应该有一个全职领导，这是一个重大的承诺。

14 实战教训

作为对我书中一些关键元素的总结，如果你需要，我愿意提供一些源于我多年管理公司设计团队，为大量全球公司提供咨询，与同行设计经理在网上和线下交流，以及为美国设计管理协会专题研讨会的教学等从实战中总结的经验之谈。

在一开始就提到的我所接受的设计专业培训，主要是在康涅狄格大学和加州大学洛杉矶分校获得的，这让我作为一个职业设计师有一个好的开始。然而，这种培训让我很少有机会深刻了解世界优秀企业。

硕士毕业后的第一个五年，我在一家小型私立学院讲授设计，我非常喜欢我的初始（而短暂）的教学生涯。教学给了我一个安定下来重新思考许多在大学学习到的知识的机会。也给我提供了夏季旅行的机会，我花了大量时间在欧洲的博物馆与欧洲设计师会谈、交谈，并参观了一些欧洲设计学校。总之，我在教育行业中五年的投资最终给了我极大的帮助。

之后我认为自己是时候进入企业界，开始"做真正的设计"了。进入企业后，我感觉用"被扔进了狼群"来描述我当时的情形都是轻描淡写。没过多久我就意识到，我认为自己作为设计人员应该提供的东西对非设计业务经理而言，并不那么有价值。我很快加入了不断抱怨"没有足够的时间和预算"这类所谓"艺术家"的设计师行列，那时我是不快乐的。

幸运的是，在我职业生涯中有一些导师给了我许多有价值的指导，正是这些人告诉我，我需要找到一个方式去了解更多有关业务的知识。我参加了一个密歇根大学的管理人员发展项目，这个为期一年的项目，改变了我的生活。

第9章引用的厄尔·鲍威尔关于设计管理的文章中，描述他如何努力游说资金审批者给设计团队人员参加各种专业发展计划提供资金。厄尔意识到，我们中的很多人，仅是毕业于一所设计学校是永远不够的，设计师在企业领域需要开发他们的管理、领导和业务技能——在设计学校我们没有得到这些东西。

"职业发展"在企业界有着几层含义，根据你在特定区域的责任，对于一些管理者和执行者而言，这意味着追求一个公认的商学院的MBA学位。对另一些人来说，是参与扩展执行发展项目。比如我参加了密歇根大学或不同学院和大学在全球范围内提供的作为他们的扩展计划的一部分。许多经理出席了各种类似"培训师培训"、"谈判的艺术"、"开展有效的绩效考核"或"解释非金融经理"的研讨会。所有这些类型的项目有利也有弊。

许多管理者发现对于他们已经很沉重的工作和家庭需求而言，再参加一个全职MBA课程太艰苦。学院或大学通常对扩展执行开发项目更容易适应，因为它们通常被设计成一个系列，课程被分解或以周为单位的单元，要在一年或一年以上才能学完。这些项目往往是昂贵的，并且每次的时间安排都要离开办公室一个星期，这很不方便。

一到两天的研讨会似乎是最受欢迎的，花费和离开办公室的时间都是最小化的。所有这些选择的关键是要决定哪些项目最适合设计经理的目标，即推进队伍的管理。对另一些人来说，他们的公司使他们更容易作决定，因为公司在年度绩效考核的时间会授权他们去改进需要改进的方面。探索这些项目应该成为你的个人计划中不可缺少的一部分。你的计划如果以我建议的方式去做，那些你需要清楚关注的应该显示为优先区域。所以实战中的一个非常重要的教训——实战教训一：是不断探索和参与各种各样的职业发展计划。

DMI 研讨会

不幸的是，除了设计管理学院提供的各种研讨会，很少有为设计行业职业发展提供的专门机会，这就是为什么我被邀请来开发一些研讨会，帮助DMI填补这一空白。

第一个研讨会的标题是"管理公司设计部门"，为提升作为组织中的核心竞争力，而不仅仅是服务人员的设计经理专门设计。

我花了大约6个月时间去设计研讨会，这个过程中涉及许多人。我咨询了专业课程开发人员、工业心理学家、有经验（和成功）的设计经理，以及很多企业非设计管理人员。这个过程让我受益匪浅——特别是非设计经理的评论。最重要的发现是，设计没有被很好地理解（因此没有被非设计管理者高度重视），设计师和设计经理通常也很少在商业业务方面有正规训练。在业界最成功的设计师和设计经理，很显然知道如何清晰地表达出设计的价值，也知道设计在商业中的作用。这些基本发现成为研讨会的核心内容。在大多数情况下，设计师和设计经理似乎并不太擅长清晰的业务沟通。

本研究有助于进一步明确我自己对设计职业的未来思考。设计师和设计经理必须学会说一种新语言——商业语言。我也意识到设计任务书不仅对执行设计项目是十分关键的工具，更重要的是在任何企业作为一个整体改变设计感知功能的工具。实战教训二：提高你的商务沟通技能，并使用设计任务书流程作为沟通的战略工具，增加设计价值。

在设计任务书的过程中，我已经描述了几乎所有的强大机会，真的有必要说服非设计业务合作伙伴，设计是一个核心业务竞争力，在任何业务成功——或失败中，都起着主要作用。

以模式作为改革方针

这个研究使我研发出第7章中概述的模式。我已经使用这一模式十几年了。虽然有一些人在工作中使用它还存在一些问题，但是绝大多数人在报告中说，他们已应用它一年左右，在他们的组织中将设计视为一个重要合作伙伴的认识在戏剧性地增加，它确实起作用，但不要欺骗自己——这不会在一夜之间起作用，有意义的改变总是需要时间投资。如果你不准备投资所需的时间和精力，必然会影响积极和有意义的变化，什么都不会得到改善，你将会继续劳累，继续当作被忽视的服务提供者。

我强烈建议你把模式的各种元素一个接一个带到你的员工会议中去，你只需要在每周会议上留出20分钟左右来讨论各种话题，你的设计团队中每个人都参与讨论一个又一个的元素，试着练习，然后制订一个团队行动计划。实战教训三：开发一个综合行动计划——并遵循它。实战教训四：为改善功能开发计划时，永远让你的整个团队参与进来，而不是试着独自一人完成所有事。

我们大多数人不得不在实践中摸索多年，来试图理解明显的愚蠢的行为。现在是时候停止摸索，来作出一些改变了，把这个设计任务书程序作为一个帮助你改变的快速而有效的工具。

最后，我想给你我的几个一般"戒律"，很多年前我在实践中发现了它们，在这本书中我写了更多细节：

● *设计功能的运作涉及其他人*。这并不意味着由委员会设计，而是其他人来评估业务。了解你的关键利益相关者并与他们交谈。

● *在描述设计活动时小心你使用的术语*。你不是"艺术服务者"，你没有"客户"或"顾客"，你有的是业务合作伙伴，你不"为"某人工作，而是"与"你的合作伙伴工作。

● *试图了解公司业务中的任何事*。阅读商业媒体，更多地了解你的行业。参加大型行业展会，依靠销售人员联系客户，参加主要销售会议，与参会者谈论他们在市场上所看到的，访问公司的每一个功能，了解他们的活动和他们的业务问题，决定设计在每个功能中所起的作用，然后成为盟友及业务各方面设计问题的顾问。

● *理解，然后有效地交流，为成功的业务设计增加设计价值*。成为一个盟友，一个伙伴，尤其与营销人员，你会参与他们从未想过的挑战。

● *让你的作品上路*。离开设计工作室，为你的业务进行一次旅行。发送设计相关文章给战略的支持者，每月或每季度为你的内部员工报刊、杂志写文章强调设计的价值，考虑为你的员工制作你自己的"设计季刊"。不要强调作品的好看或技巧，强调业务成果和优秀设计的利益。

● *争取你CEO的支持——或者至少要宣称你拥有CEO的支持！*尽一切可能确保首席执行官认识到你对业务的积极及对公司的贡献，邀请他们参观你的工作室。

● *研究高管们以提高意识*。当你问他们关于他们的问题和担忧，他们将会使自己成为解决方案的一员，当他们成为解决方案的一员，他们将会是你真正的合作伙伴。

● *创建一个易于理解的设计策略说明，你就是你的设计功能。* 包括策略中的战略目标，你将需要公信力。

● *制订你自己的预算。* 如果你要利用你的特权向潜在支持者收取费用，他们是不会来找你的。你必须做一个简单、易接近，且不昂贵的伙伴。

● *让你的员工参与每一次讨论。* 他们会觉得被赋予权力，有参与感，也更有动力。

● *投入所有的时间是实现你的目标所必需的。* 从长远来看，在未来它会节省你的时间。

● *与其他公司外的设计专业人员保持网上联系。* 隔离只会导致孤独和狭隘的思维。参加设计会议和研讨会，与你的同事会面，与他们保持联系，分享想法、策略、成功和失败，相互学习。

● *追求持续的职业发展机会。* 向你的人力资源组织寻求帮助。

● *永远不要忘记目标客户。* 知道并理解你正为其设计的人。

● *永远从战略角度思考。* 成为一个领导者，而不是一个跟随者，要积极主动。

总之，在实战中最重要的教训是，为了在组织中建立设计的信誉和信任，设计师需要学习如何以不同方式思考和沟通。设计师需要清楚指出设计是清晰的、简单的、有价值的，能够用术语表达设计的利益超过设计本身。他们需要深入研究业务，并确定在业务中各种设计角色的活动。他们也需要在整个组织中积极发展伙伴关系和联盟，以便得到他们迫切希望的支持和信任。最后，设计需要在整个组织中成为一个真正的战略业务合作伙伴。与人合作，而不是为人设计。可以将设计从"战壕"带入到公司的主要市场上竞争，但需要设计行业自身作出这种转变。

附 录

美国设计管理协会

成立于1975年的美国设计管理协会（DMI）已经成为国际设计管理的主要资源与权威。DMI 通过会议、研讨会、会员计划和出版物等多方面的资源，提供无价的知识、工具和培训，赢得了世界的声誉。DMI是一个非营利性组织，旨在提高设计是企业战略的重要组成部分的意识。

DMI的策略既实际又动态——联系技术和商业现实，承诺致力于管理卓越设计。DMI汇集了来自公司、咨询公司、公共部门和大学里所有设计类的设计及业务专业人员，有志于推进他们的理解，为他们的组织提供更大的价值，参与专业人士的团体，分享他们的知识。

DMI开发和赞助设计和品牌管理年会，每年都在欧洲、加拿大和美国等地举行。DMI专业发展计划已迅速发展成为第一个提供设计管理继续教育的机构。

DMI当前提供7种不同的研讨会。DMI会员计划提供了几个层次的可参与活动，从个人会员到论坛活动。成员代表着来自世界各地的主要公司和咨询公司。出版物包括著名的《**设计管理杂志**》季刊、《时事通讯》、《DMI新闻与观点》，印刷15 000多份双月刊给读者，每月《新闻剪报》印刷12 000份给读者，一本《案例研究汇集》通过哈佛商学院出版社出版。DMI网站www.dmi.org，拥有特色专业的兴趣领域、DMI工作银行、连接顾问与协会，有完整的电子商务和搜索功能。

这种组合的活动和出版物让忙碌的专业人士一起来推进领域内的事业发展和趋势，独到的分析和实践技能、网络、与世界各地的同事交换想法，成为他们组织的领军人物。

DMI是由董事长厄尔N.鲍威尔领导，得到"财富500强"的组织中代表各种不同背景的学科董事会成员的支持。此外，研究所得益于一个活跃的国际咨询委员会，主要成员都是专业人士。

注 释

第1章

1.金·卡尼，品牌的核心创意理念：一个精简的方法，设计管理期刊（2002年秋季）：38。

第7章

1.阿耳特弥斯·麦奇，矛盾的领导：与约翰·泰森的旅行，设计管理期刊（1994年秋季）：17。

第9章

1.厄尔·N.鲍威尔，为设计管理构筑一个框架，设计管理期刊（1998年夏季）。

2.肯尼斯·R.安德鲁斯，企业战略的概念（霍姆伍德三世：理查德·D.欧文，1987年）。

3.詹姆斯·亚当斯，一鸣惊人的概念（纽约：W.W.诺顿股份有限公司，1979年）。

4.杰伊·康吉曼，赢得他们：说服时代的一种新的管理模式（纽约：西蒙·舒斯特尔，1998年）。

5.埃德加·H.史肯，组织文化和领导能力（纽约：巴斯出版社股份有限公司，1992年）。

6.彼得·肯，过程的边缘（波士顿：哈佛商学院出版社，1997年）。

7.温迪·布瑞尼尔及其他人。项目领导（汉普郡：英国高尔半岛出版，1990年）。

8.罗伯特·N.安东尼，会计基础（阅读，MA：艾迪生，韦斯利，1993年）。

9.威廉·R.丹尼尔斯，团队力量Ⅱ：经理指导进行定期会议（加州：圣地亚哥大学联合股份有限责任公司，1990年）。

10.设计管理期刊（1998年夏季）：13。

参考文献

书籍

美国平面艺术学院，AIGA平面设计的专业实习， 编辑克劳福德。纽约：奥沃思出版社，1998

巴尔莫，约翰M.T.和斯蒂芬·A.格雷斯，揭示公司，伦敦：劳特利奇，2003

博尔雅莫索塔，布理吉特，设计管理：用设计构建品牌价值和企业创新，纽约：奥沃思出版社，2004

乔耶特克莱夫，从公司可视的商业来现实设计企业形象，纽约：麦格劳希尔—集团，1997

科恩，阿兰R.布拉德福，大卫L.，没有权力的影响，纽约：约翰·威利&强股份有限责任公司，1990

德赖弗斯，亨利S.，为人设计，纽约：奥沃思出版社，2003

戈德法布，罗兹，设计职业生涯，纽约：奥沃思出版社，2001

戈尔曼，卡玛，工业/设计读者，纽约：奥沃思出版社，2003

哈里森，艾伦·F.布兰森，罗伯特·M.，思考的艺术，纽约：伯克利名册，1982

海勒，史蒂文及薇罗尼卡维恩，公民设计师， 纽约： 奥沃思出版社，2003

科赫，威廉·Jr.，经营者的成功：如何实现它——如何持有它，新泽西州：普伦蒂斯·霍尔出版集团股份有限公司，1976

马斯特勒，威廉A.，创造性的管理，芝加哥：克雷恩书，1981

期刊

《设计管理杂志》马萨诸塞州波士顿：设计管理学院出版社。季刊

《平面设计》美国。纽约：凯出版。月刊

《平面造型艺术》纽约和苏黎世：B.马丁佩德森。双月刊

《如何做》俄亥俄州辛辛那提市：F＆W出版物。双月刊

致 谢

　　大约在一年前的一个晚上，出差在外的我在酒店的房间看电视，当时正播放一个比赛节目，主持人刚开始介绍参赛者，选手自称是一位平面设计师。令我吃惊的是，主持人天真地问道："平面设计师需要什么类型的正式训练吗？"

　　尽管许多人都这么认为，但确实需要有一大群人在生活中对专业设计人员进行培训、指导，鼓励他们成为专业设计人员，我们不是"天生的"设计师。当然与这样的人在一起，我的生活和事业是丰富的。三十年前我绝不会想写这本书，我只是没有经验和技术知识去尝试努力写这样一本书。最近有人问我花了多长时间写这本书。这是陈词滥调，真正的答案是"大约四十五年"！对我来说重要的是，在过去的几十年里给我鼓励、训练和指导我的人，我要给他们信心。

　　我认为最重要的人是我的父母，他们很早就看出来，我有很强的艺术天赋。我十岁时被一所艺术学校录取，我的老师布朗先生是第一个帮助我意识到"艺术"绝不仅仅是画画得好，我也将永远感谢已故的布朗太太在我年幼时对我的耐心和鼓励。

　　之后，我有幸跟随设计师，如保尔·扎兰斯基、杰瑞·罗杰、鲍勃·克里甘、当·牟雷以及弗兰克·巴拉德教授等人学习，在我认识的所有人中，弗兰克·巴拉德教授给我设计及设计生活方面的知识最多。

　　在业界，我很幸运，因为我有许多不是设计师的导师，他们帮助我理解项目中设计的作用。这些人包括艾特·基尔南、彼得·杰柯兹、约翰·迪克曼、约翰·巴比顿、迪克·白鲁比、约翰·西姆斯、戴维·崔斯娄、迈克·麦金、鲍勃·李、罗宾·阿斯林、詹姆斯·门德尔松、亨·伯齐特、鲍尔·吉金、迪克·皮科斯、D.W.约翰、吉姆·斯皮定、柯尔曼·默克尔、卡罗拉·斯皮克，特别是哈佛商学院的斯蒂芬·A.格雷斯教授，他是我的一个合作者、导师和朋友。

多年来，我还有幸认识很多设计管理专业人士并与之合作。通过讨论甚至是激烈的辩论，他们帮助我理清了有关设计和设计管理的思路。这些人太多，不可能把他们每一位的名字都罗列出来加以感谢，但是特别要感谢其中一些，他们是：沃利·奥林斯、托尼·凯、杰里米·戴维斯-瑞儿维尔、罗德尼·费奇、瑞克·马齐尼亚克、彼得·法伦，弗雷德·马丁斯、吉姆·厄格阿矢、尤兰达·捞奥德尔、邦妮·布雷格斯、乔恩·克雷、史蒂文·康伦、比尔·汉浓、罗兹·戈德法布、芬伦米克·戈曼、彼得·戈尔博、詹姆斯·汉森、马克·欧达西、托尼·帕里、约翰·泰森、雷蒙德·特纳、彼得·崔斯勒、加里·万·杜森、厄尔二世。

图书在版编目（CIP）数据

创建完美的设计任务书：如何把握设计的战略优势 /
（美）皮特·李·菲利普斯 (Peter L. Phillips) 著；
杨玲译. −− 重庆：重庆大学出版社，2018.8
（西学东渐·艺术设计理论译丛）
书名原文：Creating the Perfect Design Brief：
How to Manage Design for Strategic Advantage
ISBN 978-7-5624-9852-0

Ⅰ.①创…　Ⅱ.①皮…②杨…　Ⅲ.①产品设计—企
业管理　Ⅳ.①F273.2

中国版本图书馆CIP数据核字（2016）第119917号

西学东渐·艺术设计理论译丛
创建完美的设计任务书——如何把握设计的战略优势
CHUANGJIAN WANMEI DE SHEJI RENWUSHU
—RUHE BAWO SHEJI DE ZHANLÜE YOUSHI
[美] 皮特·李·菲利普斯（Peter L.Phillips） 著
杨 玲 译
策划编辑：张菱芷
责任编辑：陈 力 许红梅　　版式设计：张菱芷
责任校对：刘雯娜　　　　　　责任印制：张 策
*
重庆大学出版社出版发行
出版人：易树平
社址：重庆市沙坪坝区大学城西路 21 号
邮编：401331
电话：（023）88617190 88617185（中小学）
传真：（023）88617186 88617166
网址：http://www.cqup.com.cn
邮箱：fxk@cqup.com.cn（营销中心）
全国新华书店经销
印刷：重庆市正前方彩色印刷有限公司
*
开本：787mm×1092mm　1/16　印张：10.25　字数：148千
2018 年8月第1版　　2018 年8月第1次印刷
ISBN 978-7-5624-9852-0　定价：38.00元